Reflexiones acerca de la escritura científica

Investigaciones, proyectos, tesis, tesinas y monografías

Ovide Menin
Félix Temporetti

HomoSapiens
EDICIONES

Menin, Ovide
  Reflexiones acerca de la escritura científica. Investigaciones, proyectos,
tesis, tesinas y monografías / Ovide Menin y Félix Temporetti
  - 1a ed. 1a reimp. - Rosario : Homo Sapiens Ediciones, 2012.
160 p. ; 22x15 cm. (Colección Educación)

1. Investigación Científica. I. Temporetti, Félix II. Título
  CDD 001.42

1ª edición, octubre de 2005
1ª reimpresión, octubre de 2012

© 2005 · **Homo Sapiens Ediciones**
Sarmiento 825 (S2000CMM) - Rosario - Santa Fe - Argentina
Telefax: 54 341 4406892 / 4253852
E-mail: editorial@homosapiens.com.ar
Página Web: www.homosapiens.com.ar

Queda hecho el depósito que establece la ley 11.723
Prohibida su reproducción total o parcial

Corrección: Araceli Oñate
Diseño Editorial: Adrián F. Gastelú - Ariel D. Frusin

Este libro se terminó de imprimir en octubre de 2012
en **Toledo Servicios Gráficos S.A.** | 9 de Julio 156 | Tel: (0336) 4434146
San Nicolás | Provincia de Buenos Aires | Argentina

La investigación científica en el mundo llamado *Psi,* en nuestro país, registra un largo recorrido. Con altibajos; pero extenso. Desde concepciones, teorías, posturas gnoseológicas, epistemológicas y hasta lógicas diversas, pero ricas, integradoras, muchas veces contradictorias y hasta sectarias (por aquello de las luchas hegemónicas históricamente contrastables) se ha acumulado, con el tiempo, un considerable material, tanto escrito cuanto de transmisión oral. Múltiples aparatos depositados en hospitales, laboratorios y escuelas, son mudos testigos de un quehacer científico, básicamente medicional, que debiéramos develar. En paralelo pero basándose en diferentes formas de indagación de la supuesta verdad científica, hay que contabilizar la elaboración de las tesis doctorales encuadradas siempre en teorías y prácticas conceptualmente rigurosas. El método, como vía regia para acceder a esta supuesta verdad, ha variado con el tiempo, las ideas y los aportes sucesivos, acumulativos y razonados, de la propia investigación.

En psicología, hasta la novela, el ensayo y la poesía han dado indicio de un supuesto saber, no necesariamente experimental, pero sí con respaldo de datos empíricos recogidos a través de un largo y a veces incómodo pasar, por los caminos de la experiencia cotidiana que atraparon "formas científicas" de dar cuenta de esa verdad a la que aludimos.

Podemos discutir largamente sobre lo que es verdadero o falso, sus formas de revelación o develación. Podremos discutir también sobre el relativismo que, aún en el campo científico, al igual que otros campos, incluido el de la psicología, ha invadido el mundo de la cultura.

De cualquier modo, lo que no podemos evitar es la necesidad que tenemos hoy, más que nunca, de hacer una cierta petición de principios para poder entendernos y saber, sin retóricas envolventes, de qué estamos hablando cuando decimos ciencia, investigación, tesis, hipótesis. Conceptos estos y otros muchos de igual envergadura, que se han transformado en códigos que facilitan o dificultan el entendimiento y la comunicación. De lo contrario no hay sapiencia factible de ser compartida por la sociedad, necesitada de avanzar y transformarse en sí misma. Porque digámoslo sin ambages, la ciencia, al igual que la creencia, forman parte sustantiva de cada cultura, local, nacional, regional o mundial.

El Positivismo como filosofía científica, el experimentalismo como método; la psicología como disciplina autónoma, dieron pie al desarrollo de numerosos Programas y Proyectos, desde fines del Siglo XIX y más decididamente en las primeras décadas del XX, encuadrados en esas posturas. Si tomamos como referente de singular trascendencia el quehacer científico de la Psicología y la Pedagogía amalgamadas, para dar respuestas a los múltiples problemas que genera el aprendizaje escolar, debemos tomar en cuenta, principalmente, a la Universidad Nacional de La Plata. Están allí, mudo espejo de aquellos quehaceres múltiples –de laboratorio, de campo, de aula, etc.– los famosos Archivos de *Pedagogía y Ciencias afines,* donde aparecen los pioneros de la investigación científico positivista: Víctor Mercante, Rodolfo Senet, Alfredo Calcagno, por nombrar los más conocidos. Hay que agregar a estos antecedentes, tanto los *Anales de Psicología* cuanto los *Archivos de Psiquiatría y Criminología* que, junto a la *Revista de Filosofía,* donde aparecen ensayos, avances de investigación, experiencias y hallazgos sobre nuestra ciencia, contextualizados en tiempo y espacio, no dejan de alentarnos sobre el estado histórico de la cuestión. La revista, que su editor, Alfredo Ferreyra, llamó la *Escuela Positiva,* publicada en Corrientes entre 1895 y 1899, ha sido el antecedente más radical de un modo cuasi sectario de "hacer psicología". Modo que aún permanece entre nosotros bajo la denominación menos violenta de "corriente hegemónica". El positivismo "spenceriano" de Ferreyra, graduado en la histórica Escuela Normal Nacional de Paraná, ha sido desplazado, sucesivamente, por corrientes espiritualistas, existencialistas, culturalistas, y últimamente cognoscitivistas. El materialismo dialéctico ha pesado poco, por poco tiempo, hasta llegar a asumir una acción un tanto difusa pero presente en los momentos en que, pese al enorme peso del psicoanálisis, los psicólogos, los médicos psiquíatras, los psicopedagógos y demás profesionales *psi*, se han visto obligados a reconocer que el psiquismo, la subjetividad, y demás categorías con la que opera esta ciencia, tienen que ver también, con lo sociocultural.

Ahora bien, si la investigación científica está en la base de los estudios académicos de postgraduación, hay que resolver qué entienden los psicólogos por ciencia y por investigación. Después vendrá la discusión sobre qué es una tesis y su modo de construirla. Cuando se trata de psicólogos, médicos u otros profesionales que se identifican como psicoanalistas no es fácil saberlo. Porque los psicoanalistas –muchos de ellos– tratan por todos los medios de ser otra cosa; distinguir su saber como diferente de la psicología, en circunstancia en que han sido condenados genéticamente a serlo.

Sobre cómo hacer una tesis y por ende, cómo investigar, se ha escrito bastante en el último medio siglo. En el caso específico de la Psicología un poco menos. Es sorprendente que, por ejemplo, muchos psicólogos psicoanalistas caigan en la contradicción de cuantificar sus hallazgos conceptualmente riquísimos, importantes, para lograr que su tesis sea aprobada por los jurados que les caen del cielo, lo cual no deja de ser una lástima. Nosotros –el Dr. Temporetti y yo– queremos ofrecer otra cosa a la que nos tienen acostumbrados los autores que escriben sobre el tema. Queremos desmitificar por un lado y motivar por el otro a los doctorandos para que no sucumban al "formateo" preestablecido de ese libro que todos hemos tenido que escribir para doctorarnos. Porque de eso se trata; de escribir un libro singular, que reúna ciertos requisitos, que aporte algo nuevo, superador o resolutor de ciertos interrogantes problemáticos. Estaría de más escribir una tesis si no es para sostener una propuesta, superadora en calidad, de lo que ya se ha dicho.

De la bibliografía en uso, tres autores, si bien distintos entre sí han sido para mí decididamente referenciales. Los recomiendo a mis alumnos en los talleres de tesis que he venido desarrollando últimamente: Javier Lasso de la Vega, Umberto Eco y Huáscar Taborga.[1] Los he privilegiado, es decir que los he distinguido, en mérito a la claridad, acertadas ejemplificaciones y algo de humor que emana de sus escrituras. Además, porque sus autores han logrado evitar esa "copiadera" infernal a la que sucumben numerosos autores de textos similares.

---

1. LASSO de la VEGA, Javier (1958 2da. Ed.) *Cómo se hace una tesis doctoral; normas y ejercicios;* Mayfé, Madrid. ECO, Umberto (1977) *Come si fa una tesi di laurea,* Tascabili Bonpiani, Italia. TABORGA, Huáscar (1982) *Cómo hacer una tesis;* Editorial Grijalbo, México.

Sortear ciertos formatos impuestos por el uso, resulta siempre dificultoso. Basta observar lo que ocurre en la práctica. Lograr la aprobación de un Proyecto de Tesis, que no responda a las leyes tácitas del grupo de poder instalado en la institución convocante, es correr un riego costoso cuando sólo bastaría con ser preciso en el título, conciso en la hipótesis, o en su defecto, en el objetivo general y claro con el método a emplear en la investigación que ha de servir de soporte a la tesis ¿Para qué más? ¿Para qué esa parafernalia del encuadre donde hay que dar cuenta de los antecedentes históricos universales, fenomenológicos, motivacionales, etc. del tema? Encuadre que en muchos casos, es una suerte de anticipación extensa de ese libro que debe responder a requisitos singulares; libro que el doctorando habrá de escribir con cierta parsimonia después de realizada la indagación científica que le sirve de sustento.

¿Qué decir de la bibliografía extensa –cuanto más extensa mejor– a consignar en el proyecto, olvidando que no es a *priori* sino a *posteriori* que el autor debe señalarla minuciosamente, según reglas establecidas? Porque digámoslo de una buena vez: históricamente la defensa de la tesis la hacía el doctorando en público acompañado de su padrino, una vez obtenida la autorización institucional, para escribirla después sobre la base de un largo indagar y reflexionar sobre el tema. Estoy hablando de lo que ocurría en el siglo XIX en nuestro país y en algunos países europeos de los que siempre o casi siempre, hemos sido imitadores. En nuestro libro –lo digo antes de que sea tarde– el Dr. Temporetti y yo mismo, tratamos de registrar una propuesta cuya aceptación en el mundo *Psi* fue rápidamente "caloteada" por numerosos colegas que ahora la dan como de su exclusiva cosecha: **la tesis como ensayo científico.** Un formato nuevo, como cualquier otro, que puede ser tan fuerte y riguroso, como débil y lenitivo. Estamos convencidos que tanto a la investigación como a la tesis no les basta con la mera forma sino es consecuente con el contenido. Para concluir quiero agradecer a los doctorandos, muchos de ellos ya doctores, que autorizaron las ejemplificaciones incluidas en los textos.

Ovide Menin
Rosario, 20 de junio del 2004.

Investigación científica

En la bibliografía vigente sobre el tema hay consenso en sostener que todo escrito científico se basa en una investigación de la misma naturaleza. En principio esto parece ser obvio, sin embargo, es preciso, además, hacer explícito qué se entiende por investigación y qué significa pensar y escribir desde una perspectiva científica. Son cuestiones básicas cuyas respuestas, contra lo que puede parecer a primera vista, no son nada obvias. Es preciso saber de qué estamos hablando y si todos hablamos de lo mismo cuando utilizamos estos términos.[1]

A lo largo de este libro se sostiene el carácter plural y diverso tanto de la investigación como de la escritura científica, en las cuales se pueden sustentar una Tesis sin por ello perder legitimidad en la Academia Universitaria. La opción que haga el doctorando condicionará la manera de

---

1. Por ejemplo, en un texto español de amplia difusión se afirma: "Según su naturaleza sustantiva, la tesis doctoral no ha de ser otra cosa, pues, que una investigación científica. Es más, sino en el fondo, es decir en la importancia de los descubrimientos, en todo lo demás se la puede considerar como el prototipo de los trabajos de investigación" (Sierra Bravo, R. 1995). Desde la perspectiva de este autor Tesis e Investigación constituyen una y la misma cosa, más aún la Tesis es el modelo paradigmático de hacer Ciencia. Ocurre que para Sierra Bravo el camino de la Investigación Científica es uno sólo y la senda por donde transita está marcada por el "espíritu" positivista.

indagar, razonar y probar supuestos así como la modalidad genérica y el estilo utilizados en la textualización.

Al hablar de conocimiento científico surge casi de inmediato una importante distinción que, con suma frecuencia, a veces por ignorancia y otras por fuertes convicciones, se suele pasar por alto. Nos referimos a la diferencia entre la *Wissenschaft* alemana y la *Science* inglesa. Sabemos que en el contexto de la *Wissenschaft* la investigación científica fue y es entendida en un sentido amplio dando al concepto de ciencia el alcance genérico de conocimiento organizado. El conocimiento científico, entendido en el sentido más amplio del término, alude a un cuerpo de conocimiento coherente y sistemático sobre cualquier objeto, materia formal o empírica, natural, social o cultural. Este cuerpo de conocimientos ha sido logrado por algún método, con tal que esté basado en un arduo, honesto y serio estudio e investigación y haya sido diseñado para propósitos intelectuales o pragmáticos generales. Se entiende que los métodos científicos –los modos y caminos para producir ciencia– deben extenderse a todos los dominios de la actividad intelectual incluidos la experiencia y el conocimiento de los hechos.[2]

Desde otra perspectiva, por ciencia se entiende, el conocimiento empíricamente fundado. Sólo es fecundo el conocimiento de los hechos siendo las ciencias experimentales la garantía de certeza. Es éste el sentido fundamental dado al término inglés *Science*. Esta concepción moderna de la ciencia, se integró tardíamente en la universidad y es hegemónica en la actualidad. Fomentada y desarrollada por el positivismo, tuvo y tiene como referente y modelo, los estudios e investigaciones realizadas sobre la Naturaleza. Cuando se trata de determinar la función actual de la ciencia se hace referencia a esta concepción moderna y sólo por ampliación a las llamadas «ciencias humanas» en la medida en que ellas hayan logrado ajustarse a la estructura característica de las ciencias matemáticas, físicas y naturales.

---

2. Las primeras tesis doctorales se encuadraron en esta concepción clásica de la ciencia. La producción y transmisión del conocimiento experimentaron una radical transformación con la creación de las Universidades en el occidente latino durante los siglos XII y XIII. La razón de la Edad Media, era muy distinta, mas no por ello, fue una sinrazón. El conocimiento, durante esos siglos era equivalente a *scientia,* en tanto un saber fundado en principios evidentes, deductivamente sistematizado y jerárquicamente organizado.

Asimismo queremos acotar que adherimos a la distinción que se establece entre conocimiento científico y conocimiento tecnológico y a la diversidad de significados de este último.[3] Estamos persuadidos de que, para garantizar el rigor y seriedad de una Tesis, no es suficiente con declamar que ésta se basa en una investigación científica sin más aditamentos. Hay que hacer más especificaciones ya que se puede caer en la ingenuidad de creer que porque es científica es buena. Debemos recordar que, como ocurre con otras tareas humanas, hay ciencia buena pero también hay de la mala.

La «investigación científica» es una actividad fundamental en el proceso de creación y construcción de conocimiento nuevo. Esto es posible gracias a procesos de indagación sistemática y al contraste empírico de las teorías. Según entendemos el conocimiento no se descubre sino que se construye mediante un proceso social en el que intervienen el equipo de investigación y otros científicos que evalúan y aceptan, rechazan y formulan observaciones.

---

3. En este sentido David Layton (1988), ha señalado: "No deberíamos sorprendernos de tales diferencias. No es difícil aceptar que los conceptos de ciencia y de tecnología están sujetos a cambios históricos y que en épocas diferentes se han manejado significados diferentes para ambas disciplinas. Esta relatividad histórica del significado conceptual está apareada con su dependencia cultural. La *science* inglesa no es exactamente lo mismo que la *wissenschaft* alemana y *technology* no corresponde *technik*, y "la educación tecnológica" no significa, necesariamente, "educación politécnica" (David Layton, *Innovaciones en la educación científica y tecnológica,* UNESCO, París, 1988).

Proyecto

El Proyecto tanto en el caso de la investigación cuanto en el caso de la elaboración de una tesis o tesina, es el Plan que se piensa desarrollar. María Moliner, la conocida lingüista española, decía que el Proyecto es "un escrito o un dibujo, etcétera, (de lo) que se piensa hacer..."

Hasta hace poco decíamos "Bosquejo de la tesis". Ahora decimos "Plan de tesis", "Proyecto de tesis" así como "Plan de investigación" o "Proyecto de investigación". Muchas personas todavía se empecinan en presentar un Anteproyecto del Proyecto. Para nosotros, además de innecesario, no representa más que un cierto "divertimento" papelero y burocrático. Algunos le llaman "primeros borradores" y se quedan en paz con su conciencia.

Tesis

La Tesis es, ante todo, un cuerpo de ideas puestas por escrito, con sentido orgánico, que bien puede adquirir la forma de un libro que cumple con ciertos requisitos, o bien de un ensayo científico escrito de manera que configure una propuesta enriquecedora de cierto saber. De la Tesis, de la que se pretende que sea original, se espera que constituya, por lo menos, un trabajo singular; tanto por lo que dice cuanto por lo que propone. De algún modo superadora de cuanto se viene diciendo sobre el tema.

Tesina

La Tesina es una tesis de menor envergadura que la tesis doctoral. La presentan, generalmente, los estudiantes de carreras universitarias de grado, para obtener la Licenciatura. En nuestro país, por efectos de la Ley de Educación Superior, presentan tesinas como trabajo final de graduación, los cursantes de dos tipos de estudios de postgrado: Especialización y Maestría. Tesinas que evalúan jurados similares a los del doctorado, pero que, no necesariamente, se someten a defensa oral y pública. En cuyo caso basta conque el jurado la apruebe por unanimidad para eximir al cursante de esa exigencia formal. El carácter diminutivo, gramaticalmente intrínseco, que conlleva en sí su denominación, no afecta la calidad de la Tesina que siempre es de menor cuerpo y menos exhaustiva en el rastreo de los antecedentes históricos del tema, que la citada tesis doctoral.

Monografía

El Diccionario de la RAE entiende por Monografía la descripción y el tratado especial de determinada parte de una ciencia, o de algún asunto en particular. Entendemos que esa descripción y tratamiento especial constituye un trabajo de investigación científica en el sentido más amplio del término. Etimológicamente la palabra Monografía deriva de griego *mono* que significa único y *graphein* que significa escribir. La investigación se sostiene y despliega a través de la escritura sobre un asunto o tema particular, específico, restringido, delimitado y preciso. Su extensión varia acorde a los objetivos que se persiguen y a la finalidad que sustenta su realización. De este modo, la Monografía estructura en forma analítica y crítica la información recogida e interpretada de distintas fuentes.

PRIMERA PARTE

Escritura y producción científica

CAPÍTULO 1

Diseño de Tesis y Método de Investigación en Psicología

OVIDE MENIN

(I)

Desde que Ernesto Renán (1823-1892), contemporáneo de Augusto Comte (1798-1857), dijo aquello de que "Dans l'ordre des faits, ce qui n'est pas experimentale, n'est pas cientifique", en materia de métodos para investigar científicamente la realidad, una suerte de movimiento pendular, con predominancias distintas, siempre ligadas al poder decisorio de los grupos o colectivos académicos, ha pasado de la *quäntitat* a la *quälitat* como categoría básica o punto de partida de la investigación científica, sin más ni menos. De allí a la tesis sólo un paso. En consecuencia, el método –cualquiera sea la denominación de fantasía que se le dé– abreva en esos puntos de partida propios de la epistemología. En algunos campos con mayor predominio que en otros. Cuando digo "nombres de fantasía" quiero decir que, al igual que en la industria farmacéutica, los productores de denominaciones imaginan nombres atractivos que no siempre responden a la lógica de la filología clásica. Hay excepciones plausibles por cierto. En tiempos en que el griego y el latín "aplicaban" en el campo del quehacer científico, las denominaciones remitían a las raíces de tales lenguas muertas, que por su estado permanecían estáticas y a nadie confundían. Hoy, la variedad de métodos y sus combinaciones son tantas que basta con recorrer diccionarios y enciclopedias especializadas para saber lo que es el mercado denominativo actual. En el campo de las ciencias sociales mucho más que en el de las ciencias naturales, por ejemplo. Es que una cierta banalización se ha instalado entre los académicos, a punto tal que el método como tal ha perdido peso. Ahora es común leer metodología, estrategia metodológica y hasta procedimiento, salteando precisiones y sutilezas conceptuales con gran desparpajo académico. En muchos casos ese investigador empeñoso, no sabe definir con claridad ni siquiera el método que emplea. Lo hereda. Lo sabe. Lo aplica y punto. ¿Para qué más? Lo otro, dicen algunos, es especulación de filó-sofos que con algo tienen que ganarse la vida. Personalmente creo que es más bien cosa de epistemólogos o teóricos del conocimiento. Esto, dicho sin entrar en mayores consideraciones didácticas.

En el campo de la investigación psicológica ocurre algo parecido. Por eso, el propósito de este "paper didáctico" es instalar algunas ideas sobre lo que, últimamente, se llama "metodología", dándole a este término un senti-do que, por razones semánticas, poco tiene que ver con el significado de sus orígenes. Así, durante siglos, metodología significó una subdivisión de la lógica cuyo objeto era, según André Lalande, el estudio a posteriori de los métodos o más específicamente y de ordinario, el estudio de los métodos científicos, mientras que la idea de métodos como tal, fue siempre "la de una dirección definida y regularmente seguida en la operatoria de la inteligen-cia". Entre los griegos, concretamente en Aristóteles, método significa simple-mente investigación. Pero más allá de estos matices filológicos, identificamos hoy al método científico como el camino a seguir para develar los misterios del objeto de conocimiento, material o cultural. Lo de escribir metodolo-gía en lugar de método en los Planes de tesis, por ejemplo, es cosa que no acierto a comprender. El tema no es menor. La lógica –como una de las provincias de la filosofía, como decían los escolásticos– no da para métodos de investigación en todos los campos. Hay caminos menos lineales que permiten llegar antes y mejor a lo esencial de la cosa a investigar.

(II)

Muchos aspirantes al doctorado cuando les llega la hora de consignar en su escrito lo del método a emplear suelen entrar en confusión. Es un drama.

Pese a que casi siempre han hecho numerosos cursos de "metodología de la investigación científica", acaban como cuando sus abuelos vinieron de España; con una mano adelante y otra atrás. Nunca logran saber, a ciencia cierta, cuál es el método, es decir, el camino adecuado para recorrer y llegar a la meta. Es increíble el sujetamiento al que someten sus propios pensamientos. ¿Existe no obstante la posibilidad de hacer una tesis doctoral sin método explícito? Claro que sí; hurgando, desenterrando, pensando, asociando, tomando mate y escribiendo de cuando en cuando un "paper" que le permita al bisoño agudizar el ingenio. Pero ocurre que ésto, a la postre, termina siendo, también un método. Otro método. Un método no bendecido por la poderosa curia científica, nacional e internacional; modo de proceder, cabe aclararlo, que tiene su costo. No es fácil apartarse del canon establecido. De cualquier modo, de acuerdo con el estado actual del arte, como se dice, del arte de la indagación, un plan sin explicitación del método de investigación que sirva de base a la tesis, sería resistido por la mayor parte de los evaluadores externos e internos a los que el sistema lo somete. El doctorando, de seguro no podría obtener la autorización para seguir adelante con su trabajo de escritura y pensamiento reflexivo para el que está pidiendo autorización a expertos con prestigio. Porque de último ¿para qué elaboramos el Proyecto si no es para pedir una suerte de autorización para seguir el camino? Autorización que sólo conceden los que tienen poder para hacerlo. En Roma antigua eran los viejos. Ergo, el método válido es el método autorizado por ellos. Los otros. Los sabios en la materia; para quienes el enlace del método de investigación con la teoría del conocimiento que le sirve de soporte constituye su ballesta.

(III)

La experiencia me ha mostrado que la confusión surge cuando, elegido el tema, comienza la búsqueda del camino a recorrer. Los modos de indagación. Cómo investigar.

Le sigue todo lo demás –aproximación, distancia, reflexión, sobre el objeto de conocimiento– con un grado de imbricancia tal que lo atrapa de manera cuasi servil. Entonces comienza el silencioso, inacabable cavilar. En psicología el "drama metodológico" surge, casi siempre, del santo horror que sienten los psicólogos argentinos contemporáneos a caer en atisbos positivistas; salvo contadas excepciones. No obstante, a la hora de fijar el método, una suerte de positivismo residual mete la cola, precisamente, en el lugar más sensible del proyecto.

El caso de la hipótesis muestra esta intromisión de manera patente. El viejo esquema de Claude Bernard suele jugarle una mala pasada a los más cerrados cualitativistas. ¿Cómo no indicar, de modo explícito, la hipótesis? ¿Cómo generalizar si no se cuenta con el referente empírico de una gran cantidad de casos procesados estadísticamente? Porque, dicen muchos metodólogos sin estos requisitos básicos no hay saber conspicuo; no hay ciencia. La autoridad no lo acepta. Ciencia y Poder; he ahí la cuestión. Pero ocurre que ya en el siglo XVII, Isaac Newton (1642-1727) se levantaba en contra de este constructo racionalista por excelencia, con su clásica expresión: *hypotesis non fingo.* En efecto, en su *Philosophiae naturalis principia mathematica,* cuya primera edición es de 1687, decía aquello de que "todo lo que no se deduce de los fenómenos debe, en efecto, denominarse hipótesis y las hipótesis, metafísicas o físicas, sean de cualidades ocultas o mecánicas, no tienen lugar en la filosofía experimental (*Principia mathemática,* 1687). Instalaba así, una ruptura con el racionalismo cartesiano. En siglos sucesivos estas rupturas epistemológicas se volverán a repetir.

(IV)

Mientras duró la hegemonía positivista, el esquema básico ideado por el citado Claude Bernard (1813-1878), en su clásica *Introducción a la medicina experimental* de 1865, era el siguiente: 1) Observación de los hechos, 2) Formulación de la hipótesis, 3) Experimentación como único método científico con el cual demostrar su validez. De aquí en más el método experimental ha sido el método científico indiscutible. La venganza vino de los filósofos no positivistas que hicieron de la observación y sus diversos modos de registrar los datos del objeto —material o virtual— el método válido para indagar y pensar sobre lo indagado y registrado. De allí, "el desmadre total". Los primeros en desmadrarse fueron los físicos después de aquel fenómeno conocido como "ecuación personal". Pero no es cuestión de

regodearnos ahora con la falibilidad del método, de los múltiples métodos
de investigación científica y su rigurosa aplicación. Tanto el relativismo
filosófico cuanto el relativismo científico contemporáneo han dicho lo suficiente. A veces por demás.

(V)

Regresando al punto de partida digamos que a la hora de consignar en
el diseño de investigación el método a emplear –o bien, lo que en la
Ordenanza 566 de la Universidad Nacional de Rosario se denomina "estrategia metodológica"– cabe decir, desde una instancia puramente didáctica,
que se distinguen dos modos de escribirlo. El primero, mediante un cierto regodeo escritural. El segundo, instalando una simple marca procedimental. ¿Qué se quiere decir con estas dos expresiones? Sencillamente que,
en el primer caso, el autor se regodea con ciertos saberes epistemológicos
o si se prefiere, filosóficos, para decir desde ciertos paradigmas científicos,
cuál es el camino; la senda a recorrer; el método. En el segundo, nada de
introducciones ni regodeos. Al grano, por pasos. Lo que desde antiguo llamamos el procedimiento. Es decir, el modo de proceder. Se dirá que en este
caso se corre el riesgo de cometer pecado empirista. Pues sí, "París bien
vale una misa". Después vendrán las técnicas, es decir, los instrumentos.
Pero esto es lo menos difícil de resolver. En mi época de estudiante, el dispositivo técnico que nos distinguía era, en medicina el estetoscopio; en psicología el test (la batería de test) y en odontología el torno. A los sociólogos,
la encuesta y a los farmacéuticos la víbora y su plato. Y todos tan conten-
tos. ¿No aparece aquí, acaso en lo más hondo de su simbolismo arcaico,
la profunda relación del método con la teoría del conocimiento que sirve
de sustento a la metáfora? Para algunos epistemólogos contemporáneos esto
no deja de ser, también, positivismo residual.

(VI)

Este *paper* no pretende transformarse en un ensayo sobre métodos de
investigación ni mucho menos. Apenas si atina a ser una guía para los

redactores del diseño de tesis que al momento de resolver el problema no saben qué hacer ni qué decir. Por más cursos sobre metodología que hayan realizado. Por eso digo que una cierta dosis de pragmatismo, en el sentido más ramplón del término, no viene mal a tanto desborde del intelecto. Por aquello de que a la hora de la escritura todos los gatos son pardos (o lo parecen).

Lo primero que hay que tener en cuenta es que ciertas investigaciones recurren, inevitablemente, al uso de métodos cuantitativos experimentales y/o mixtos. De esos métodos, preferentemente el epidemiológico; método básicamente estadístico, no voy a hablar aquí. No es mi fuerte. Una larga tradición sobre el particular tiene en la cantidad y su procesamiento, el punto de partida. No obstante cierto modo de triangular los datos obtenidos contribuye a resolver el problema. Hay larga tradición sobre el particular. La estadística ha logrado, hoy, fórmulas sofisticadas de tratamiento. También para las Ciencias Sociales tan proclives, en las últimas décadas, al abordaje casuístico por excelencia.

Lo segundo es que, tratándose de estudios de carácter cualitativo –siempre que en dicho estudio se opte por acentuar la dimensión subjetiva del fenómeno o proceso, por sobre la objetividad como la entendían los positivistas decimonónicos– el análisis del caso y por ende la casuística entendida como repertorio de casos significativos ocupa lugar destacado.

Pero ocurre que este modo de investigar para hacer ciencia, con el cual se procura legitimar la tesis, tiene sus bemoles. En cuyo caso hay que insistir en aquello de que la tesis no es una novela. Ni siquiera un cuento de formato clásico. Tampoco es la bella narración de un fenómeno dado. Es algo más complejo, sujeto a exigencias tanto formales cuanto substanciales. Es cierto también que esas exigencias o requisitos no son fijos ni inmutables. Pero lo fundamental es que no pueden ser débiles en su consistencia. Consistencia quiere decir, en este caso, densidad analítica. Coherencia entre los diversos aspectos del escrito. De última, la tesis es un libro escrito en clave a establecer.

Para concretar quiero transcribir ejemplos que ilustran con cierta claridad el modo de completar el item método en el diseño o proyecto de tesis. Son ejemplos extraídos de recientes diseños producidos por autores locales que adscriben a posturas llamadas cualitativistas; con excepción de uno de ellos que adscribe a una postura conocida como cualicuantitativa.

A. Con regodeo escritural

1) "El método que se aplicará en este trabajo de tesis se denomina, según la tradición, *método psicoanalítico*. Si bien el mismo se inscribe en el conjunto de las metodologías cualitativas, resulta necesario hacer algunas precisiones, pues caen bajo esta denominación, metodologías muy diferentes que tienen muy poco en común. Entendemos por método psicoanalítico, el

- explicitado por J. M. Vappereau en el punto 2 de la *Présentation de la série des fasicule de résultats* del libro *Noeud. La théorie du noeud esquissée par J. Lacan;*
- puesto en práctica por Freud, como lectura, a partir de las *Memorias de un Neurópata* de D. Schreber en el texto *Observaciones psicoanalíticas sobre un caso de paranoia ("Dementia paranoides"), autobiográficamente descripto* conocido como *Caso Schereber;* y
- retomado por Lacan en el *escrito De una cuestión preliminar a todo tratamiento posible de la psicosis* y que se resuelve con la reunión de los elementos del caso antes mencionado en el Esquema I o Esquema R agujereado.

Este método consiste en la comparación de dos o más versiones de un mismo texto. Tiene su antecedente en los trabajos de J. F. Champollion cuando logra resolver el enigma de los jeroglíficos egipcios a partir de las tres versiones de un mismo texto presentes en la piedra Rosetta. Vamos a llamar a esta comparación, una *traducción*, entendida en un sentido amplio, haciendo observar que las primeras propuestas de aparato psíquico por parte de Freud –*Carta nº 52* a Fliess y, más tarde, el modelo óptico de la *Traumdeutung*– funcionan en términos o transcripciones:

[…] "Tú sabes que trabajo con el supuesto de que nuestro mecanismo síquico se ha generado por estratificación secesiva, pues de tiempo en tiempo el material preexistente de huellas mnémicas un reordenamiento según nuevos nexos, una retrascripción {Umschrift}. […] Yo no sé cuantas de estas trascripciones existen. Por lo menos tres, probablemente más" (Freud, O. C. Carta nº 52).

La traducción o transcripción, en que se basa entonces el aparato psíquico de Freud, determina asimismo el modo de proceder en la clínica, cuando se trata, por ejemplo, del análisis de las formaciones del inconsciente. Si consideramos que el mensaje se emite desde el lugar del Otro [Esquema L en Lacan, "De una cuestión preliminar …"] se observa que, para un sujeto, en el interior de su misma lengua acontece más de una versión del mismo texto.

Tenemos así, el sueño y su relato, por un lado y los comentarios, asociaciones y restos diurnos, por otro que, aunque acompañan al sueño, llegan al sujeto emisor por un camino diferente al recorrido por el sueño como formación del inconsciente.

La reflexión sobre estas cuestiones condujo a Lacan a tener en cuenta lo que ocurre con la escritura en la lengua japonesa. El on-yomi y el kun-yomi son dos maneras de leer un caracter chino en la lengua japonesa. En esta lengua, yomi quiere decir lectura. El on-yomi de un carácter chino conserva el fonema chino de este caracter, por ello, no quiere decir nada en la lengua japonesa. El kun-yomi del mismo caracter es su traducción japonesa determinada históricamente y dice en japonés lo que quiere decir, lo que significa.

Decimos, por lo tanto, que en el on-yomi se trata de un cifrado mientras que en el kun-yomi se dirige al Otro como palabra, en cambio, el cifrado del on-yomi es del Uno como letra, como síntoma. Ahora bien, el sujeto en todos los casos, está dividido por el lenguaje en referencia a la escritura por un lado y a la palabra por el otro [Lacan 1971, *Lituraterre*]. El sujeto japonés experimenta esta división en su misma lengua en la cual existe una correspondencia ya establecida entre el registro del *on-yomi* y del *kum-yomi*. Se constata, entonces en este caso, una traducción permanente del registro de la letra (on-yomi) al de la palabra (kum-yomi) que tiene como consecuencia un descifrado automático. Lacan en el *Avis au lecteur japonais de los Ecrits* dice que en la lengua japonesa la distancia del inconsciente a la palabra es tangible y que esta diferencia es muy difícil de despejar en las otras lenguas. La duplicidad, entonces, de los registros del lenguaje, de la letra y la palabra, y de la mirada y la voz correlativas a ellas, manifiesta en la lengua japonesa, necesita en otras lenguas del descubrimiento del inconsciente freudiano para poder ser despejada.

Se revela aquí una función de la letra que Lacan denominó la función litoral de la letra y que, borrada en nuestra escritura alfabética, es orientadora en la clínica psicoanalítica, así como de un método de lectura propio del psicoanálisis. De este modo el texto leído y los enunciados del analizante pueden ser interrogados en términos de la estructura propia del campo freudiano, hasta adquirir la dimensión del discurso psicoanalítico. Y como el psicoanálisis tiene como condición de existencia la constitución de la ciencia moderna, es decir, de la ciencia lógico-matemática, esta estructura es topológica pues la topología encuentra su fundamento en esa ciencia.

La práctica de ese discurso pone en juego una estructura que al revelarse pulsativa, hace lugar a una letra que Lacan escribió como letra "a" a partir de la involución significante:

$$S1 \qquad\qquad S2$$
$$\cdot$$
$$\cdot$$
$$\cdot$$
$$a$$

Se logra captar la pulasción de esta estructura en un grafo en forma de "T" [Vappereau 1997ª]que destaca las operaciones llamadas *ruisellement* (destellos) y *ravissement* (arrebato) como señalamiento de la apertura y cierre del inconsciente. [Lacan 1971, *Lituraterre*]

$$S1 \qquad\qquad S2$$

ruisellement $\qquad$ *ravissement*
(destellos) $\qquad\qquad$ (arrebato)
$$a$$

Como se ha formulado, precedentemente, esta tesis intentará volver a situar la función del objeto/letra "a" de Lacan a partir de una lectura de la apuesta de Pascal, por ello, se la agrega ahora al grafo junto a las funciones que sitúa así como junto a un ejemplo de lectura ya realizado.

	Destellos (operación de lectura)	**Arrebato** (reunión por la escritura)
Función:	MÚLTIPLE	UNO
Ejemplo:	LECTURA DE SCHREBER	ESQUEMA I (Esquema R agujereado)
Proyecto:	LECTURA DE LA APUESTA DE PASCAL	TESIS

Se procederá, por la tanto, de la siguiente manera, tomando como modelo y ejemplo el texto de Freud conocido como *El caso Schreber* y la lectura que Lacan realiza del mismo, leeremos el texto *Infinie –rien* más conocido como *La apuesta de Pascal*. Proceder de este modo tiene un interés suplementario pues, Lacan en el *Post scriptum* del texto *De una cuestion preliminar a todo tratamiento posible de la psicosis* alude potencialmente a la existencia de una psicosis social en la constitución de la cual Pascal habría precedido a Lacan mismo. Esta psicosis social depende de lo que Lacan denomina la subjetividad científica a la que se refiere como,

> "… la que el científico que ejerce la ciencia comparte con el hombre de la civilización que la sostiene" (Lacan 1966, *De una cuestión...* p. 557).

Pascal fue, sin lugar a dudas, sensible a este problema. Cabe destacar que éste es un problema más importante que el de la subjetividad delirante que el texto mencionado viene de discutir a propósito de la lectura de Freud de las memorias de Schreber y que nos es presentada en una estrecha relación con la subjetividad científica.

Otros autores como Milner en lo triple del placer tratan este problema. Es el problema del estatuto placer en la modernidad y de las consecuencias que ha tenido para el sujeto la complicidad que se estableció entre el discurso de la ciencia y el discurso del capitalismo. Este texto concluye con la existencia de un laberinto "del que se puede y se debe salir" a condición de disponer de una estrategia. A nuestro entender, la estrategia que Milner halla, sigue los pasos de las proposiciones de Vappereau a propósito de la estructura en psicoanálisis, núcleo de nuestra explicitación metodológica. Milner da esta estrategia en el texto, *Mallarmé au tombeau* cuando lee, según el método descripto, un soneto sin título del poeta Stephan Mallarmé,

> "la loi du sonnet commence á s'eclairer. II avance par la contradiction. Point de depart une parole exclamative et joyeuse, touchant un mouvement si fort esperé qu'il est tenu pour certain; point d'arrivée: un mouvement qui s'arrê-te: "il s'immobilise" dit le dernier tercet. Entre ces deux points, un enchaî-nement de postures et de décisions qui se nient succesivement. […] On peut aussi –mais est-ce très different? –rappeler la gestuelle des prisonniers, que Lacan décrivait. On peut enfin songer à la structure des tragédies classiques, que Francois Regnault a restituée chaque acte défait le précédent et le défai-sant, Línterpréte. Expliquer le sonnet consiste aussi à en déterminer le temps logique et dramatique." (Miller 1999, p. 29)

Aunque se lea, claramente, en esta cita una versión del grafo en forma de "T" al que aludimos anteriormente, lamentablemente, Milner no menciona a Vappereau con respecto a la estrategia que despliega en el texto. Están aquí, perfectamente reconocibles en el texto los tiempos correspondientes al *ruise-llement (destellos), "une parole exclamative et joyeuse" y al* ravissement *(arre-bato), "un mouvement qui s'arrête: 'il s'inmobilise'"* del grafo en forma de "T". Cabe destacar que estas dos operaciones, que tienen la característica de completar un ciclo de la estructura, están perfectamente realizadas en la restrin-gida extensión de este soneto de Mallarmé. Leer, esta vez, *La apuesta de Pascal* según esta estructura es lo que nos proponemos aquí". (Franch, Héctor, Proyecto de tesis doctoral: "El objeto (a) de J. Lacan: Su función en la estructura a partir de un a lectura posible de la apuesta de B. Pascal". Rosario, Argentina, 2000).

2) "Confluencia del método de análisis de textos con el método clínico psico-analítico.

   a) Sobre el método bibliográfico o de análisis de texto.

Rastreo, en las fuentes primarias y secundarias de los conceptos princi-pales, puestos en juego y recortados como categorías. Procurando una lectura diagonal de la intertextualidad que se interese más en las discrepancias que en las coincidencias, lo que permitirá que se abran nuevos interrogantes.

b) Con respecto al método clínico psicoanalítico.

Los estudios sociales, en su amplia mayoría, utilizan las metodologías cualitativas de investigación. El presupuesto fundamental de las mismas establece que la investigación social tiene que ser más fiel al fenómeno que se estudia que a un conjunto de principios metodológicos, y que "los fenómenos sociales y humanos son distintos de los naturales, y no pueden ser comprendidos en términos de relaciones causales mediante la subsunción de los hechos sociales a leyes universales, porque las acciones sociales y humanas están basadas e imbuidas de significados sociales. Intenciones, actitudes y creencias" (Fielding, 1986).

La investigación, entonces, debe ser efectuada sobre contextos reales, y el observador procura acceder a las estructuras de significados propias de estos contextos, mediante su participación en los mismos, pero manteniendo siempre su condición de observador, en el uso de entrevistas, grupos focales y en las historias de vida. Si bien el carácter de participante del observador en investigaciones cualitativas, está reconocido y acentuado; la relación entre el observador y la unidad de análisis, es siempre intersubjetiva.

La noción de discurso es fundamental en la investigación semiótica-hermenéutica, lingüística y social. La nueva acepción de discurso subraya su importancia como proceso semiótico, aplicándose también a tipos de discursos no verbales o no exclusivamente verbales (pictórico, musical, fílmico, etc.). El conocimiento buscado tiene que ver con el sentido de los acontecimientos; pero éstos tienen una relación esencial con el lenguaje (Deleuze, 1971), ya que pertenece a los acontecimientos el poder ser expresados por medio de enunciados y proposiciones. La lectura hermenéutica, si es que el PSA puede encuadrarse en una hermenéutica, está emparentada con un enfoque estructuralista, puesto que para el estructuralismo cada realidad humana es considerada como una totalidad estructurada y significativa, articulada en un sistema de relaciones estables, como leyes internas de regulación, y cuyo sentido hay que buscar en ella misma, en su estructura profunda.

El saber inherente al Psicoanálisis no resulta asimilable al de la ciencia natural o al del estudio del fenómeno social. No se trata de dar cuenta de lo que es, como lo dado, su campo es el de la "realidad psiquica", en el sentido freudiano. No conoce más que los efectos de una Ley que no se corresponde ni con el orden de los hecho sociales y jurídicos, sino con el discurso originado en el deseo, entendiendo a éste último como categoría conceptual del discurso psicoanálitico, que produce un dispositivo clínico adecuado para su desciframiento. El camino del análisis del discurrir de las personas, conduce a la comprobación de la insistencia de un factor eminentemente antieconómico, contrario a la meta adaptativa, y contrario al buen sentido con el que el sujeto se ha estructurado y constituye un elemento clave en su existencia y accionar. (...) Es por ello que la prioridad establecida en el discurso psicoanalítico acerca de la clínica del caso por caso, obstaculiza su encuadre tanto en el método cuantitativo como cualitativo de investigación. Lo que opone a ambos es que también se sufre de lo que no puede decirse, medirse, verse o reglamentarse. (García, Hada; Proyecto de tesis doctoral: "Leonardo Da Vinci y el deseo de Freud. Enfasis freudiano en la construcción de su fantasma". Rosario, Argentina, 2000).

3) "Realizaré investigación bibliográfica y análisis de casos.

Con respecto a la investigación bibliográfica, revisaré el desarrollo freudiano y lacaniano en relación a las temáticas del amor, la locura y la femineidad. También serán consultados otros autores que dentro del psicoanálisis han avanzado sobre los temas planteados.

El método de lectura a utilizar intentará una lectura oblicua[1], que avance hacia situar aquellas cuestiones que se entrecruzan, se despejan y se complejizan a través de los desarrollos argumentativos."(...) Los hermeneutas (antiguos y contemporáneos) nunca han renunciado a la idea de que un texto

---

1. "Uno puede decir oblicuo, intentando decir algo de este estilo, en el sentido de que la argumentación de Lacan siempre está descentrada de sí misma y nunca encuentra el centro... Pero también oblicuo en el sentido que le puedo dar desde Lacan cuando habla del sinsentido como causa productora de sentido... Cuando nosotros volvemos recto lo que es oblicuo, aplicamos una hermenéutica a Lacan y entonces se obtura no solamente la lectura de Lacan sino la cura..." RITVO, Juan. "No se trata de introducir el escándalo sino la posibilidad de leer". Cap del libro *Conversaciones entre analistas*. V. Cohen, M. Intelisano, N. Sirotta. C. Ed. Puntosur, Bs.As., 1991.

tiene significación global (...) Como analistas renunciamos a la significación global desde el momento en que descomponemos una formación del inconciente en su combinatoria textual, complementaria y hendida"[2].

A partir de las preguntas abiertas por la práctica clínica trabajaré recorridos en la teoría psicoanalítica que permitan desplegar la interrogación, tratando de que las respuestas abran nuevas cuestiones, lo que sitúa el avance espiralado de la argumentación. El saber que segrega la experiencia analítica es teorígeno, hace teoría. El analista fabrica teoría cuando reflexiona sobre su acto y da razones de su praxis.

El análisis de casos comprenderá la lectura de dos casos publicados, el de Sabina Spilrein y el de Marguerite Anzie.

Con respecto al primero, utilizaré como material la publicación de Aldo Carotenuto de pasajes del diario personal de S. Spilrein, así como su correspondencia con Jung y con Freud, en el libro: *Una secreta simetría* (Ed. Gedisa, Barcelona, 1984) y la novela biográfica *Sabina* de Karsten Alnaes (Ed. Siruela, España, 1996) En relación al segundo caso, utilizaré la tesis de J. Lacan *De las psicosis paranoica y sus relaciones con la personalidad,* así como el libro: *Marguerite, Lacan la llamaba Aimeé* de J. Alouch (Ed. Epeele, México, 1995).

Además, abordaré casuística de mi práctica analítica, y también casos aportados por colegas. (Colovini María Teresa, Proyecto de tesis doctoral: "Amor, locura y femineidad. La erotomanía, delirar con ser amados: ¿una locura femenina? Rosario, 2000).

B. Con marca procedimental

1) "El método que propongo para el desarrollo del trabajo consta de cinco pasos:

   1. Revisar los textos de Freud propuestos en la bibliografía teniendo en cuenta el objetivo general.
   2. Analizar y precisar en la obra de J. Lacan los términos y conceptos a utilizar.

---

2. Ibid.

3. Construir y definir las categorías de análisis con las que abordaré los textos.
4. Elaborar los avances parciales que van a integrar la tesis.
5. Elaborar el *corpus* que conformará la tesis planteando las conclusiones del trabajo realizado" (Splendiani, Susana; Proyecto de tesis: "La construcción del fantasma en Freud". Rosario, 2000).

2) "Se trata de una investigación descripta con uso de técnicas cualicuantitativas.

Fases:

1. Traducción y análisis de la información documentada.
2. Contacto con las instituciones participantes para explicación del proyecto.
3. Planificación de poblaciones: selección de una muestra de personas de edad, de 60 años y más, autoválidos, con resguardo previsionsal, no institucionalizados –la muestra será aleatoria, estratificada por zonas de la ciudad de Rosario, extraída de centros de jubilados.
4. Construcción y selección de los instrumentos cualitativos (entrevistas en profundidad y grupos de discusión -**N=20**).
5. Relevamiento de información a nivel intensivo.
6. Construcción de instrumentos cuantitativos (cuestionarios).
7. Relevamiento de información a nivel extensivo -**N=100**.
8. Elaboración estadística de los datos originales e interpretación de los mismos.
9. Construcción de entrevistas semi-estructuradas en función de resultados obtenidos y aplicación -**N=8**.
10. Interpretación de la información total.
11. Elaboración de los datos e informe final.
12. Propuestas."

Nota: Se deja expresamente establecido, que en temas puntuales, cuando la especificidad de éstos lo requiera, se consultará a asesores de aquilatada

y reconocida experiencia sobre los mismos. (Donnelly, Patricio; Proyecto de tesis doctoral: "Envejecimiento: identidad y adaptación". Rosario, 2000.)

3) "Análisis de los textos (investigación cualitativa).

Los textos *La Ilíada, La Odisea* y los *Himnos homéricos* serán tomados como obra y documento de la investigación; así, serán analizados tanto desde su contexto histórico, como desde el interés freudiano –con las herramientas conceptuales de la teoría psicoanalítica– por los puntos específicos referidos a la cuestión femenina. "(Della Riva, Carmen; Proyecto de tesis doctoral: "La femeneidad en el epos homérico: diosas y mortales". Rosario, 2000.)

4) "Utilizaremos una metodología analítica ascendente tal como lo propone Foucault para la investigación genealógica.

Es decir, indagaremos a la educación y su sistema especial no es un centro, en sus aparatos centrales y de gobierno sino en sus confines últimos, en sus extremidades, allí donde se vuelve capilar. Buscaremos identificar las prácticas y los discursos en sus espacios locales y regionales de origen, seguir luego sus transformaciones, dispersiones y articulaciones para averiguar finalmente cómo se han constituido los sujetos en el interior de la multiplicidad de sus anudamientos.

Por lo tanto, nuestro método de análisis es arqueológico y genealógico. Arqueológico, en la medida en que aborda el análisis de los discursos desde su coherencia interna, desde la especificidad misma de su lógica discursiva, desde la verdad producida por dispositivos específicos que constituyen a los sujetos de conocimiento. Y genealógica, a partir de incluir en esa ontología las relaciones de poder que otorgan su *ratio* a la dimensión histórica y a los procesos que la producen. (Vega, Eduardo de la; Proyecto de tesis doctoral: "Genealogía de la educación especial en la Argentina. La constitución del dominio de la anormalidad en el ámbito de la educación". Rosario, Argentina, 2000.)

(VII)

Para concluir, quiero destacar que esta cuestión de seleccionar el método de elaboración de una tesis, básicamente doctoral, que para muchos universitarios se vuelve un problema de difícil solución, ha cobrado hoy un nuevo significado. Más allá de los aciertos o desaciertos de los ejemplos transcriptos –no es eso lo que estamos discutiendo– más allá de eso, reitero que el problema de su "configuración escrita" aparece con gran claridad. Ligado como está a la investigación que le sirve de base, atravesado por el relativismo tanto filosófico cuanto científico que la postmodernidad ha instalado en el mundo académico, los ejemplos transcriptos muestran no sólo la amplia gama de "estilos" personales sino, lo que me parece más significativo, los múltiples caminos, simples o combinados, que se pueden recorrer. Los numerosos pasos que se pueden dar; pasos que algunos especialistas denominan procedimiento, distinguiéndolo del método en cuanto tal. Como vemos, al consignarlo en el Proyecto o Diseño de la tesis, puede apelarse, bien a la concisión, bien a la explicitación frondosa. Los positivistas actuales no harían nunca esto. Preferirían consignar, sin muchas vueltas, el método hipotético-deductivo en el sentido de "un procedimiento metodológico que consiste en tomar una aseveración en calidad de hipótesis y comprobarla deduciendo de ella junto con conocimientos que ya disponemos, conclusiones que confrontamos con los hechos". Este "procedimiento" como bien dice Rosenthal, se halla vinculado a varias operaciones: confrontación de los hechos, revisión de conceptos existentes; conciliación de hipótesis con otras proposiciones teóricas, etcétera. Nosotros aceptamos un diseño de tesis donde su autora, a quien consideramos en este caso una "positivista residual" instala, como marca metodológica procedimental, en su Proyecto de tesis, lo siguiente: "estrategia metodológica: Método hipotético deductivo" (Altavista, María Inés; Proyecto de tesis doctoral; "Aportes de las técnicas proyectivas al proceso terapéutico en adultos y al psicodiagnóstico". Rosario, 2000.). Es que la autora parte de la idea de que el evaluador externo conoce a fondo el método del que se habla; por lo tanto no necesita extenderse en explicaciones ni puntuaciones adicionales.

Nosotros, al operacionalizar los modos o estilos de abordaje que los redactores se imponen con relación al espacio proyectual del citado diseño de tesis, hemos apelado a dos grandes categorías como quedó dicho: a) la del regodeo escritural y b) la de la marca procedimental, sin perder de vista que la precisión metodológica subyacente es lo principal para cualquier estrategia que se aplique. Porque, lo que ha de quedar claramente indicado, a fin de cuentas, es el camino recto o sinuoso, pero confiable, que el doctorando se propone recorrer para hacer una buena propuesta que todavía solemos llamar original.

Bibliografía:

Gonzalez Rey, Fernando (1999) *La investigación cualitativa en Psicología: rumbos y desafíos.* EDUC, San Pablo, Brasil.

Hayes, N. (1997) "Qualitative research and research in Psychology" in *Doing Qualitative Analysis in Psychology.* Psychology Press, U. K.

Kosulin, Alex (2000) *Instrumentos Psicológicos.* Paidos, Barcelona.

Menin, Ovide (1991) *Investigación evaluativa del Curriculum Académico vigente para la formación de psicólogos en la ciudad de Rosario.* Publicación del II Psi., U.N.R.

Sautu, Ruth (1997) "Acerca de qué es y no es investigación científica en Ciencias Sociales" en *La trastienda de la investigación.* Editorial de Belgrano, Buenos Aires.

Taborga, Huascár (1982) *Cómo hacer una tesis.* Editorial Grijalbo, México.

CAPÍTULO 2

El diseño de una Tesis

OVIDE MENIN

Tradicionalmente se ha llamado Plan (de la tesis) a lo que todavía se llama, también, por razones largo de enumerar: Esquema, Diseño, Modelo, Formato y últimamente Proyecto. Las denominaciones no son necesariamente equivalentes; remiten a ciertos matices diferenciales. Pero lo importante es que se trata de "diseñar" por anticipado, la arquitectura de ese *corpus escrito*, de diversa envergadura, que en el ámbito académico llamamos tesis. De ese libro –porque a la postre no es mas que éso: un libro gordo o medianamente gordo– redactado conforme a ciertas reglas, debe emanar una propuesta fundamentada que enriquezca o supere, siquiera parcialmente lo que se conoce sobre el tema. Claro que para autores como Umberto Eco (1977) la tesis doctoral no es más que "un trabajo mecanografiado (sic) de una extensión media que varía entre las cien y las cuatrocientas páginas en la cual el estudiante trata un problema referente a los estudios en que se quiere doctorar". Para Huascar Taborga (1980), en cambio, "es un estudio demostrativo que se sostiene en el razonamiento" cuya finalidad es que "sirve para optar al grado de doctor en las universidades". Todo esto es discutible, como veremos. De cualquier manera hay que aclarar que antes de llegar a la tesis un tribunal de doctos en la materia dará su visto bueno al citado Plan que el tesista se compromete a desarrollar por escrito en un plazo razonable. Depende del tema y las circunstancias para que ese compromiso se cumpla a cabalidad. Ahora bien, planes se hacen tanto para, licenciarse cuanto para graduarse de Magister, doctorarse o suicidarse en el intento.

Como vivimos en la cultura de los requisitos globalizados, las exigencias para uno y otro escrito (Proyecto y Tesis) no se diferencian de país a país; de universidad a universidad; de academia a academia. Casi todas son iguales. La cantidad (de páginas, de supuesto saber, de citas bibliográficas) ha cobrado un nuevo significado. La clave parece ser lo cuantitativo; mucha cantidad de cuanto se tenga a mano. Lo que no se tiene se pide o se copia; perdón, se transcribe.

El formato –que algunos llaman, por la influencia del lenguaje computacional, "el formateo de la tesis"– no es más que la forma o si se prefiere la configuración de la tesis. Hay diseños estructurados, semiestructurados e inestructurados totales. Los primeros no dejan aspecto o paso sin prever. Todo está previamente pensado y acotado. Los segundos, más flexibles, dejan abierta la posibilidad de una reformulación sobre la marcha de la investigación y su escritura; diseño éste que exige un sistemático acompañamiento del director de la tesis para evitar errores gruesos de elaboración y forma. Los últimos casi no se presentan en el momento actual de desarrollo de los estudios de postgrado. Provocarían verdaderos infartos de miocardio a las comisiones evaluadoras de turno. Sin embargo cabe recordar que a fines del siglo XIX y principios del siglo XX, ese era el diseño que los aspirantes al doctorado presentaban a las autoridades de la academia con el visto bueno del llamado "padrino de tesis". El escrito completo se entregaba después y no era el mamotreto que se escribe hoy. Hay documentación disponible en archivos como los de la Facultad de Medicina de la Universidad Nacional de Buenos Aires que refrenda lo que digo. Personalmente me inclino por tomar en cuenta tres modelos vigentes en el mundo académico; si bien alguno es más empleado que otro:

1. El modelo Clásico;
2. El modelo Estructural funcionalista;
3. El modelo Ensayístico (que tal vez hubiera que denominar: El modelo Ensayo).

Cabe observar que estos modelos de construcción a los que el doctorando somete el conocimiento del que dispone hasta ese momento, para obtener la

venia del evaluador, casi siempre externo, del Proyecto de trabajo a realizar
sobre un tema dado, no son lo más importante del quehacer académico que
emprende. Lo importante es lo que dirá en la tesis. Por qué lo dice. Qué aporta de nuevo, en términos rigurosamente teóricos, sobre éso, qué dice en el
texto escrito. No obstante, la burocracia institucional hace de la presentación (forma, extensión, tipografía y otros aspectos) una cuestión que, como
es obvio, también tiene sus encantos. Corta o larga, densa o rala, se torna, a
la postre, una cuestión de gusto. A mi entender y el de muchos expertos
en el tema, la cuestión no pasa por el volumen sino por la calidad del escrito. De cualquier modo veamos algunas cuestiones de concepto.

Clásico llamamos a todo lo que se mantiene en el tiempo, como digno
de ser imitado por su probado valor. Lo clásico tiene sabor antiguo pero
lejos de ser anacrónico tiene el valor de satisfacer las necesidades básicas del "usuario" del modelo. Se configura mediante tres momentos narrativos –que algunos especialistas llaman pasos– cuyos niveles de
complejidad no están previstos pues dependen del discurso del proceso
narrativo en cuanto tal. El formato en tres momentos aparece en diversos campos o disciplinas. No sólo en literatura sino también en educación
y en investigaciones científicas diversas. La tesis como narración escrita
que da cuenta de "hallazgos" y "propuestas argumentales" en tres tiempos,
pocas veces aparece configurada según este modelo que llamamos clásico. Veamos algunos antecedentes.

Las normas de perfección formal de este tipo de escritos académicos
vienen de muy lejos y son respetadas por muchas gentes que opone precisamente lo clásico a lo romántico, como veremos. En materia narrativa la
línea de ordenamiento del escrito en tres pasos o momentos llamados formales: a) principio; b) medio y c) fin, que ha caracterizado cierto modo de
narrar por escrito desde la Política de Aristóteles a nuestro días, permite
"organizar" la tesis en base a esa formalidad con gran riqueza de recursos
escriturarios. Así se escribieron los cuentos clásicos, al decir de algunos
autores. Así armaban sus clases las maestras normales. Sin embargo no
es muy común encontrar en nuestro país tesis doctorales con este formato. No obstante autores como Manuel Blustein (1959), para quien escribir
una tesis es "formular una proposición y mantenerla", apelan al recurso de
actualizar la terminología y desagregar cada paso de la regla clásica, para
aconsejar el siguiente desarrollo:

a) Planteo de la proposición;
b) Exposición de los fundamentos;
c) Defensa de la proposición formulada;
d) Resultado del planteo y (su) defensa, vertidos en conclusiones.

Es decir que para Blustein:

1) Lo que el modelo clásico llama Principio correspondería a lo que él llama Propuesta (Proposición);
2) Lo que para dicho modelo es el Medio para dicho autor sería el Fundamento y su Defensa (apoyados en los antecedentes y el trabajo de investigación propiamente dicho: laboratorio, trabajo de campo u otros);
3) Por último lo que en el modelo de construcción que venimos citando es el Fin, en Blustein correspondería al Resultado y las Conclusiones.

Lo clásico ha sido aceptado a través del tiempo por sus líneas de equilibrio integral.

Ahora bien, este formato clásico participa de la idea de que la tesis debe constar de tres grandes capítulos. El primero, en el que se plantea el problema a indagar, el tema en cuestión, y se lo encuadra adecuadamente, empezando por hacerlo coherente con el título de la misma. El segundo capítulo se destina a dar cuenta, sostener y fundamentar, con los resultados de la investigación (teórica o empírica) lo que constituye el problema central de la tesis. El tercero, se destina a concluir, cerrar y proponer una postura superadora o cuanto menos enriquecedora y singular, del problema abordado.

Como es fácil percibir, no deja de aparecer en este modelo clásico, tal y como se lo formula en la actualidad, un cierto positivismo residual. Es que si bien el modelo permanece ligado a la historia de la cultura, el positivismo decimonónico lo hizo suyo y lo sometió, muchas veces, a la demostración experimental de las intuiciones del escritor. Blustein trata de sortear, de alguna manera, el problema metodológico no abordándolo de lleno. Por eso entiendo que lo deja librado a la postura epistemológica de cada cual. He ahí la importancia que adquiere la elección del director.

Estructural funcionalista es un concepto que extraemos de la Sociología. Desde Talcott Parsons (1951), hasta nuestros días, los sociólogos entienden por estructural funcionalista a una "teoría de alcance medio" que se diferencia de las grandes "teorías de alcance amplio", en tanto supone que "las unidades sociales –grupos, instituciones, etcétera– que estén en interacción, se influyen mutuamente y se ajustan unas a otras (...)". Al incorporarlo a la lista de modelos que operan a favor de la escritura de este libro que llamamos "la tesis doctoral", nos arriesgamos a la crítica. Pero ocurre que entendemos al modelo como una estructura en el sentido de Theodorson y Theodorson (1978), cuando dicen que es "la relación subyacente y relativamente estable entre elementos, partes o pautas en un todo unificado, organizado". Esa estructura material interna cumple una función. Si no lo hiciera carecería de sentido. Podríamos denominarla modelo, esquema, plan o formato escolástico, en el sentido de una guía muy pautada, más para principiantes que para veteranos. El concepto de estructura y función aparece como mejor connotado porque, a la hora de escribir la tesis, el recorrido aparece delineado fuertemente, de modo que le permita al doctorando lograr ese "todo unificado que la carga de detalles tomados en cuenta podría malograr". Con este modelo de estructura y función machihembrados el doctorando presenta el proyecto. Con este modelo escribe la tesis. El ideal es que no se salga de la raya. Pero lo real, no obstante, suele ser otro; se saltean algunas de las partes de la estructura como tal o bien se las funde para hacer el texto más ágil. Pero vayamos a la estructura del modelo y sus funciones:

a) Título de la tesis;
b) Encuadre;
c) Objetivo (s);
d) Método (algunos directores de tesis exigen incluir en este ítem, distinguiéndolos, Procedimiento y Técnicas);
e) Bibliografía fundamental;
f) Cronograma tentativo.

Cabe observar que sobre este modelo aparecen numerosas variaciones pero en lo esencial, éstos son los puntos del esquema que persisten.

Con respecto a la hipótesis, que por lo demás no aparece aquí, el modelo no la considera imprescindible. Depende del tema a investigar y del método de trabajo. En último caso, de la postura epistemológica que opera, quieras que no, como petición de principios. En muchos Proyectos de abordaje decididamente cualitativos, la hipótesis aparece implícita, bien en el título de la tesis, bien en el encuadre. Incluso, en el método. Cuando se la explicita es por razones metodológicas ineludibles. Tiene mucho que ver con el concepto de ciencia en el que se encuadra la redacción de la tesis; concepto que, como bien sabemos, no es unívoco.

Con respecto al título hay que ser preciso. No importa que sea largo. Lo que importa es que sea claro, legible en sus propósitos. Cierta tendencia a escribir de manera críptica y escueta, sólo para iniciados, es poco recomendable. La tesis, aprobada, es un documento precioso para un vasto número de lectores. Es uno de los recursos más certeros para producir cambios conceptuales, no sólo en el mundo académico sino también en el mundo de las comunicaciones de masa.

El encuadre es, ni más ni menos, que el marco histórico y conceptual en el que se va a instalar la tesis. Aparece con diversas denominaciones: Antecedentes; Estado del Arte (o de la cuestión); Marco Teórico; Motivación; Introducción y otros. Muchos doctorandos destripan de tal modo este ítem, tanto del proyecto cuanto de la tesis, con sub-items innecesarios, que terminan haciendo un ejercicio violento de la inteligencia, hasta ubicarla al borde del narcisismo. Para enmarcar, es decir, para encuadrar el trabajo de tesis hay que tener claro qué pasa con el tema (investigaciones, publicaciones, debates, controversias, antinomias, etc.) en la hora actual. Es la única manera de hacer después una propuesta singular, original, enriquecedora o superadora de lo que se viene diciendo en el mundo académico. Si no se asegura ésto, se corre el riesgo de descubrir la pólvora. Todo es tan funcional en este modelo de diseño, que es preciso esclarecer cada aspecto de manera precisa.

En cuanto al objetivo o bien los objetivos de la tesis cabe decir que son éso: los objetivo que persigue su escritura; no necesariamente coincidentes, punto por punto, con los de la investigación que le sirve de base. La diferencia es más que sutil; sin embargo muchos autores de Proyectos de tesis sucumben al error generalizado de homologarlos.

Los hay, también, que escriben objetivos a granel. A nuestro juicio basta con redactar un solo objetivo general. Claro, consistente, fácil de comprender y de cumplimentar.

En consonancia con dicho objetivo general, cabe indicar objetivos específicos, también llamados operacionales, porque indican el modo de operar para cumplir con el primero que es de por sí amplio, central, medular. Una tesis con abundancia de objetivos a cumplir es siempre indicadora de un pensamiento ligeramente delirante. Los expertos actuales en estos modelos de diseño llamado "estructural funcionalista" aconsejan un solo objetivo general y no más de tres específicos, operacionales, o particulares, como quiera que se los llame. Los expertos empecinados en asignar estructuras fuertes, prefieren objetivos en cantidad; como si la calidad de la tesis pasara por esas barreras de contención del pensamiento libre y creador de todo académico investigador que se precie.

El método, del que hablaremos más extensamente en páginas sucesivas, es el aspecto donde, cualitativistas y cuantitativistas reflejan viejas reservas. La técnica de *triangulación* ha venido a resolver, en parte, un conflicto teórico metodológico de larga data. No obstante, también aquí el positivismo residual sigue mostrando las uñas, descolocando sin pudor a los más duros cualitativistas que sucumben ingenuamente al método hipotético deductivo. Verdadero canto de sirena para los investigadores y los tesistas ubicados en esa tendencia que, ante el temor de no ver aprobado su diseño, hacen concesiones inadecuadas a quienes detentan el poder decisorio de aceptación o rechazo del Proyecto. Lo acompaña, en muchos diseños, una indicación puntual y precisa del procedimiento y las técnicas a emplear. Cosa que, a nuestro juicio, no es indispensable distinguir.

La bibliografía que sirve de referente, no tiene por que ser exhaustiva. En este tipo de diseño basta con indicar la bibliografía básica, fundamental, relacionada con el estado del arte y la metodología. El proceso investigativo ya le obligará al doctorando a ampliarla actualizadamente. A menos que se transforme en un salteador de caminos, esto de la búsqueda bibliográfica, histórica y/o actual –según sea el tema y su modo de abordarlo– es tarea inevitable y hasta vital para el tesista.

El cronograma tentativo hace su función orientadora con relación al tiempo disponible para asistir a cursos y realizar parsimoniosamente la redacción de la tesis. Este cronograma casi nunca se cumple. Luego, no sirve para nada. Está cayendo *in desuetude.*

El ensayo ha sido, en el amplio campo de la narrativa contemporánea, una tesis velada. Los puristas del quehacer académico suelen molestarse ante aseveración tan atrevida. Sin embargo no dejan de hacer, a la postre, un buen ensayo –amplio, parejo, consistente– que llaman tesis. Contra el concepto tradicional que lo define como un escrito generalmente breve, constituído por los pensamientos más inteligentes del autor sobre un tema, sin el aparato ni la extensión que requiere un tratado completo sobre la misma materia, no le está vedado hacer referencias a insumos científicos rigurosos . Lo que ocurre es que el ensayo adquirió carta de ciudadanía en el campo literario. Se habla y se escribe, casi siempre, de ensayos literarios; muy poco de ensayos históricos; ensayos pedagógicos y mucho menos de ensayos científicos. Por lo tanto, hablar de una tesis doctoral que se redacta tomando como modelo el ensayo; escribirla como si fuera un ensayo suena, a muchos, como inapropiado. Cuestión de ideas. ¿Por qué no admitir la innovación de un modelo ensayístico que haga estallar las compuertas de la tradición formalista? El ensayo, al que Eduardo Grüner (1996), denomina "un género culpable" es "un género cuya culpabilidad no puede ofrecer garantías sino, apenas el módico coraje de arriesgarse al indefectible error".

Es que la ciencia, como ha sido comprobado tantas veces ¿no transitó, también, riesgosamente por el error? Que lo diga si no, Stephen Hawking, al cambiar radicalmente después de treinta años, su teoría sobre los agujeros negros y la energía que eventualmente esparcen.

Jaime Rest (1979), en un brevísimo ensayo escrito hace más de veinte años dice que "el ensayo es una composición expositiva, preferentemente en prosa, que suele proporcionar información, interpretación o explicación acerca de un asunto típico, sin incluir procedimientos novelescos o dramáticos".

He ahí, a nuestro juicio, un modelo narrativo escritural válido para hacer una tesis: a) información, b) interpretación. Lo demás son formalidades más o menos aceptables que hacen más bien a la estética del objeto que a la ciencia de la propuesta. Cabe decir que más adelante el autor agrega, después de ejemplificar con Montaigne y Bacon, que "La mención de estos dos autores (...) permite formarse una idea de la elasticidad y amplitud que admite el ensayo, que puede ser comparativamente extenso, subjetivo y errático en uno de sus extremos y breve, **conciso, objetivo, riguroso en el otro**" (el subrayado es nuestro).

Como modelo o formato para la redacción de la tesis, considero importante reiterar que, tal como decimos al principio, constituye una narración escrita, con fundamento, sobre un tema dado, donde el rigor conceptual se libera de la forma para detenerse en el contenido y su argumento. ¿Acaso no fue eso lo que hizo Sigmund Freud al encuadrar su saber científico en casuísticas que constituyen no sólo ensayos científicos sino verdaderas tesis en miniatura?

Para ser sinceros, digamos que animarse a escribir una tesis doctoral según este formato, implica liberarse de prejuicios y cortapisas que lo único que logran es coartar la imaginación creadora del tesista.

Como siempre, quien escribe un ensayo con pretensión científica o no, empieza por soltar "la loca de la casa" como decía José María Pereda. A continuación, los pulimentos, las precisiones y los subtítulos, si son necesarios y encuadran el considerable escrito, se incorporan al texto. De lo contrario lo que hay que cuidar es el modo narrativo: claro, preciso, fundado en la teoría y en el referente empírico que le sirvió para la reflexión. Otros usan el modelo ensayístico para hacer metateoría (teoría de teorías) pero esta ya es una cuestión epistemológica, propia de las teorías del conocimiento científico como tal. Sobre ésto, cualquier tribunal evaluador, respetuoso de las ideas del otro, no debería imponer su personal criterio, por aquello de que, en materia de tesis –estoy convencido– nada hay más resbaladizo que la epistemología que pretende servirle de sustento.

Rosario, 9 de julio del 2004.

Referencias bibliográficas:

Blustein, Manuel (1959) "¿Qué es una tesis doctoral? Algunas reflexiones al respecto" en: *Temas de Pedagogía Univesitaria,* Publicaciones de la UNL, Santa Fe.

Eco, Umberto (1979) *Come si fa una tesi di Laurea,* Bonpiani Editori, Milano.

Grüner, Eduardo (1996) *Un género culpable. La práctica del ensayo: entredichos, preferencias e intromisiones.* Homo Sapiens Ediciones, Rosario.

Hawking, Stephens (1994) *Agujeros negros y pequeños universos.* Ediciones Planeta, México.

Lasso de la Vega, Javier (1956) *Cómo se hace una tesis doctoral.* Mayfe. Madrid.

Parsons, Talcott (1971) *El sistema social.* Alianza Universidad.

Rest, Jaime (1979) *Conceptos de literatura moderna.* C. E. A. L., Buenos Aires.

Taborga, Huáscar (1980) *Cómo se hace una tesis.* Editorial Grijalbo S.A., México.

Theodorson y Theodorson, G.yA. (1978) *A modern dictionary of sociology.* Tomas Crowel Company, Boston.

Capítulo 3

Escritura y Producción Científica en la Psicología*

Félix Temporetti

> "No reconocer que la ciencia es una rama de la literatura (*pace* Popper)
> conduce a muchos maestros a pasar por alto
> las oportunidades para debatir el modo en que deben tomarse los enunciados
> y sostenerse las creencias,
> y esto es una preocupación tanto de la educación científica
> como de los estudios literarios"
>
> David Olson (1998:282)

Pensamiento científico y escritura

El pensamiento letrado, junto a una gran variedad de utensilios y herramientas –materiales y conceptuales–, constituyen instrumentos mediadores

---

* Las ideas básicas del presente texto conformaron un documento base para la organización del Primer Congreso Regional de Psicología Rosario-2004 organizado por la Facultad de Psicología de la UNR. La presente versión surgió de una reelaboración realizada por el autor durante la estancia como profesor invitado en el Departamento de Psicología Evolutiva y de la Educación, Facultad de Psicología de la Universidad Autónoma de Madrid, Abril-Septiembre, 2003.

esenciales en la producción científica. El pensamiento letrado, en particular, se caracteriza por la representación consciente y la manipulación delibera- da de actividades tales como: percibir, tener expectativas, intuir, describir, categorizar, formular suposiciones, conjeturas, hipótesis, inferencias y conclu- siones. Su accionar no se restringe a la práctica de la escritura y de la inter- pretación de textos aun cuando éstas hayan sido cruciales para su emergencia y evolución. Por el contrario está omnipresente en nuestras prácticas orales y en todas las fases en que se despliega la producción de conocimiento, desde la discusión y reflexión oral, hasta la elaboración del proyecto de trabajo, su ejecución y comunicación. Los efectos de la escritura sobre la mente nos parecen tan "naturales" que se los suele considerar como propiedades inhe- rentes a la mente humana. De este modo solemos pasar por alto el proceso de construcción histórico y evolutivo que le ha dado origen. Desde la Psicología fue Vygotsky uno de los primeros en señalar e investigar los efec- tos transformadores de la alfabetización en las maneras de pensar de los campesinos rusos. Hoy sabemos que la escritura acontece y se sustenta en la capacidad meta-reflexiva o la capacidad para tener pensamientos acerca de pensamientos, sean del propio o el de otros. Las actividades con cualquier tipo de escritura dan viabilidad al pensamiento acerca de las representa- ciones de las cosas y no de las cosas mismas. La cuestión estará en cómo se presenta esa representación en la escritura. Esto no debería sorprendernos ya que, como muy bien lo ha enunciado David Olson (1994/1998:310): "Nuestra moderna concepción del mundo y nuestra moderna concepción de nosotros mismos son, podríamos decir, el producto de la invención de un mundo sobre el papel". Este autor, al igual que lo hizo Vygotsky, sostiene que toda escritura tiene implicancias cognitivas tanto en la ontogénesis como en la historia social y cultural. Pero advierte que si bien la escritura propor- ciona un modelo para el habla no proporciona un modelo adecuado para la fuerza ilocucionaria, esto es, para las intenciones del autor. Si en la escri- tura se pierde la ilocución ¿cómo interpretar el texto ante esta falta?

Olson señala que hubo un momento crucial en las relaciones entre la cultura escrita y el pensamiento, entre el texto dado y lo interpretado. Este momento lo sitúa hacia el siglo XIV, aunque las nuevas formas de lectura no se institucionalizan hasta la Reforma Protestante. Mientras que la retó- rica medieval favorecía la interpretación amplia y diversa del texto –no exis- tiendo medios para privilegiar una interpretación sobre otra– la lectura "científica", de naturaleza protestante, vino a poner orden en el caos hermenéutico. La interpretación debía y podía justificarse por pruebas en el texto (léxicas, sintácticas y contextuales) y no por el criterio de autoridad. Para lograr este objetivo se privilegió el lenguaje técnico y la expresión matemática sobre el lenguaje ordinario. De este modo el lenguaje literal se adecuó a un pensamiento lógico y sistemático. Así, la interpretación se hizo "científica" y la ciencia se transformó en el arte de pensar. En este proceder la fuerza ilocucionaria, la subjetividad, quedaron borradas. El arbitraje y el control de este pensamiento se desplazaron de la Autoridad de la Iglesia a las Organizaciones para la educación, la investigación y la escritura científica. Surgieron normas oficiales que se transformaron en hegemónicas para escribir, pensar, investigar e interpretar científicamente. Normas y reglas oficiales que poco a poco conformaron e impusieron la creencia de que sólo hay una única manera válida de generar conocimiento científico. Un pensamiento único para un método también único. Y una lengua que actúe como lengua franca: el inglés, para producir con rigor, para leer sin confusión y para escribir con precisión el conocimiento científico.[1]

Estos esfuerzos en pro de la ciencia produjeron muchos y valiosos resultados sobre todo en el dominio de la naturaleza y en aquellos ámbitos de la Psicología donde la empresa científica pudo adecuar la estrategia metodológica dominante –de fuerte inspiración positivista– a las características del problema objeto de estudio. No obstante ello, muchas de las preguntas importantes y algunas cuestiones cruciales para la Psicología, siguen sin encontrar respuestas satisfactorias. ¿Cómo saber que un enunciado literal dice lo que el autor pretendía decir? O, adoptando una visión más allá de la escritura: ¿cómo saber que lo que interpretamos es lo que el hablante o agente querían decir? O, en una formulación más amplia aún: ¿cómo dar cuenta de la subjetividad, ese ingrediente tan esencialmente psicológico y tan característico de la condición humana? Los proyectos para construir una Psicología sin mente –como pretende el conductismo– o una mente sin intención ni deseo –como aspiran los computacionalistas– han dejado preguntas esenciales sin responder y muchos problemas cruciales sin explicaciones convincentes.

---

1. Desde el siglo XX el inglés se ha consolidado, con el apoyo político del mundo anglosajón, como la lengua dominante en la producción y difusión científica.

Desde hace unas décadas, en el campo de la ciencias sociales y más recientemente en la Psicología, se ha producido un cambio "paradigmático". Este cambio bajo nombres emblemáticos como "giro lingüístico", "giro narrativo", "giro interpretativo" ha puesto en el primer plano: la diversidad de puntos de vistas, la naturaleza socio-cultural del conocimiento, su carácter local y situado, su relación con la ideología y la interrelación entre conocimiento científico y conocimiento cotidiano, intuitivo o popular. Siguiendo una tradición que encuentra en el pensamiento de Sigmund Freud una parte importante de sus raíces, se ha reivindicado la importancia de escuchar al sujeto que habla, al sujeto que narra y cuenta historias, incluida la propia. Este sujeto histórico y situado, actúa y relata desde su perspectiva, movido desde la intención y el deseo –en parte consciente y en parte inconsciente–, y su narración y acción se sostienen, alimentan y recrean en los sistemas simbólicos de la cultura en la cual convive. Por ejemplo, las teorías psicológicas sobre el pensamiento o la cognición han cambiado el eje de estudio. No preocupa tanto saber de qué manera el niño adquiere y domina la lógica sino más bien cómo éste deriva las inferencias, es decir, cómo el sujeto interpreta. Esta psicología del pensamiento ha mostrado, por ejemplo, que carecemos de una regla general para derivar inferencias válidas y que las propias inferencias no derivan de los enunciados mismos sino de los modos particulares como se encaran esos enunciados.

Acceder y participar en el ámbito de una comunidad científica lleva implícita una forma de participar en la cultura escrita, particular, de dicha comunidad. De ahí la importancia de conocer y estar de acuerdo con las "reglas del juego". Ser competente escritor en esa cultura científica significa que se conocen y se aceptan, que se han adquirido y se utilizan los procedimientos y normas para escribir que esa cultura demanda, valora, e incluso, impone. El problema es que hay una diversidad de modos de crear y utilizar textos. Hay diversos modos de leer, de mirar y de pensar.[2] Son numerosas las lenguas en las cuales pensamos y esta diversidad también está en la producción científica, al menos en el ámbito de la Psicología y

---

2. Lo que hace científica a la Psicología no es el compartir un único método con las demás ciencias sino la rigurosidad metódica. La Psicología crecerá acorde a las capacidades que demuestre tener para resolver problemas para lo cual deberá encontrar los métodos idóneos acordes a la naturaleza peculiar del objeto de investigación.

de las Ciencias Sociales. Pero esta complejidad que instaló la diversidad –de métodos, de epistemologías, de lenguas– es una cuestión de larga data, aunque hace poco reinstalada en la educación científica y mayoritariamente desconocida en la educación encargada de formar a las futuras generaciones. Estas perspectivas nuevas en la Psicología impulsan a revisar los instrumentos con los cuales estamos produciendo y comunicando el conocimiento científico.

Producción científica y modalidades de escritura

Algunos creen que la escritura sólo está presente en la fase final del proceso de investigación; en el momento de redactar el Informe con la pretensión de comunicar los resultados. Si bien esta fase es importante, las relaciones entre escritura y producción científica, tal como lo hemos expresado más arriba, no se reducen sólo a eso. En el campo de la Psicología los modelos y estilos de escritura científica se reducen básicamente a tres: el Informe de Investigación; el Ensayo Científico y el Relato de Experiencias.[3] La opción por una o por otra resulta de una decisión que realizan los investigadores acorde al tipo de problemas que se plantean, a la naturaleza específica del tema de estudio, a cuestiones de índole epistemológica, a decisiones metodológicas y a los criterios y concepciones dominantes en la cultura científica en la cual trabaja. Esta opción no se reduce a una mera cuestión de elegir la forma de escritura más idónea para comunicar o difundir los conocimientos que se generan. La manera de ordenar la textualización constituye una marca en el modo de pensar, en las formas de argumentar, contrastar, discutir, relatar. Se reivindican las diferencias entre cada modalidad cuestionando toda jerarquía u orden que indique superioridad de una sobre la otra en cuanto a la calidad científica.

La distinción entre Informe, Ensayo y Relato tiene sólidos fundamentos epistemológicos, psicológicos, históricos y literarios. Distintos paradigmas epistemológicos-metodológicos están en la base de cada uno de

---

3. Utilizo estos tres términos: informe, ensayo y relato a sabiendas de que pueden desatar antiguos prejuicios en torno a la descalificación que se han hecho, tanto del ensayo como del informe, cuando adopta una estructura más bien narrativa.

ellos: el empírico-analítico, el hermeneútico-fenomenológico, el crítico, a veces también llamado hermeneútico-crítico.[4] Desde los orígenes mismos de la psicología científica –a finales del siglo XIX, se sostuvo, con mayor o menor éxito, que se accedía a una mejor comprensión y explicación de la mente humana si se lo hacía desde una perspectiva epistemológica y metodológica amplia. Si se adecuaban los métodos a la naturaleza biológica, social y cultural de su objeto de estudio. Grandes psicólogos, considerados padres de la disciplina, han construido sus teorías entre experimentos, intervenciones profesionales y ensayos científicos. Jerome Bruner es un ejemplo contemporáneo.

El Informe

El Informe ha sido y es el modo de pensar y proceder clásico en el proceso de generar y dar cuenta sobre el conocimiento en la psicología científica. En el modelo de producción científica relacionado con el Informe investigar es un acto acotado. Se produce conocimiento llevando adelante una experiencia delimitada para comprobar y probar hipótesis. De este modo el Informe se transforma en el recurso lingüístico mas apropiado para las investigaciones que utilizan datos primarios y para los diseños experimentales de laboratorio o de indagación en el campo. Tanto si adoptan metodologías cuantitativas como cualitativas o se hayan decidido por la triangulación de los datos. Existen numerosos Manuales y Guías que se utilizan para ayudar en la redacción científica.

En este tipo de escrito se expone sobre una investigación realizada, ya sea en su totalidad o en un aspecto de la misma. En la cultura científica anglosajona se denominan *Papers* (papeles o documentos) a los avances de información –casi borradores– sobre la investigación en curso. Dichos "papeles provisorios" suelen ser de circulación restringida en la comunidad científica en la cual la investigación esta instalada y por lo tanto no deben confundirse con el Informe. El Informe de Investigación a diferencia

---

4. Tomo como referencia la distinción establecida, entre otros, por la doctora Esther Díaz de Kóbila, profesora de Epistemología y Metodología de la Investigación en el Doctorado de Psicología de la UNR.

del *Paper*, debe tener el rigor de un documento con cierto carácter de concluido, destinado a la discusión pública y a su posterior publicación. Por lo general el Informe culmina siendo un "artículo científico" que comunica por primera vez los resultados de una investigación. Se considera que sólo estos artículos científicos publicados en las revistas científicas componen la literatura primaria de la ciencia. Los libros y los artículos de síntesis –aquellos que los anglosajones denominan *review articles*– que resumen el conocimiento de un tema, componen la literatura secundaria de la ciencia. Se sostiene y se admite que si bien los artículos primarios y los secundarios son publicaciones científicas sólo los primeros son artículos científicos.[5]

La estructura básica y clásica de un Informe suele ser la siguiente: (a) Un Resumen o breve sinopsis sobre el contenido del artículo; (b) Una Introducción donde se informa el propósito y la importancia del trabajo; (c) Una referencia a la Metodología, los procedimientos, las técnicas y/o materiales utilizados y donde se describe cómo se hizo la investigación; (d) Una exposición de los Resultados donde se presentan los datos experimentales; (e) Un apartado donde se Explican y Discuten los resultados y se los compara con el conocimiento previo del tema; (f) Para finalizar con una Referencia Bibliográfica citada en el texto.

En el Informe Científico predomina el uso de la tercera persona y del pasado. En tales circunstancias el uso del "nosotros autor" o del "nosotros investigador" implica que es el campo científico mismo el que sostiene los enunciados. Por lo general el discurso del Informe suele quedar acotado a las observaciones y a la "realidad" con la cual se trabajó, aunque, en ciertas circunstancias y bajo determinadas condiciones se aspira a formular reglas generales, o a hacer generalizaciones. Precisión y claridad son dos principios básicos de la redacción científica que aunque se destacan en el Informe son válidos, tanto para el Ensayo como para el Relato. Precisión significa usar las palabras que comunican con la mayor exactitud posible

---

5. Hay dos tipos de artículo científico: el artículo formal y la nota investigativa. Ambos tienen la misma estructura, pero las notas generalmente son más cortas, no tienen resumen, su texto no está dividido en secciones con subtítulos, se imprimen con una letra más pequeña y la investigación que informan es "menos importante". Algunos trabajos se someten como artículos y se publican como notas o viceversa.

respecto a lo que se quiere decir. Claridad significa que el texto se lee y se entiende fácilmente porque el vocabulario es accesible. El Informe es fácil de entender cuando el lenguaje es sencillo, las oraciones están bien construidas y cada párrafo desarrolla su tema siguiendo un orden lógico. La naturaleza de la audiencia es uno de los factores determinantes del vocabulario y del tipo de expresiones que se suelen utilizar, algunos escriben para su grupo profesional y otros pensando en un público más amplio.

En la tradición académica –de fuertes raíces positivistas– el Informe ha sido y es "él" texto científico por antonomasia. El propósito explícito del Informe Positivista consiste en dar cuenta con objetividad y eficazmente del resultado de una Investigación Experimental.[6] En esta concepción la escritura pretende copiar de la manera más "objetiva" posible lo que "realmente" ocurrió en la investigación. El Informe Positivista busca transcribir "literalmente" los hechos observados eliminado todo registro que haga alusión a la subjetividad del autor/investigador. Las formas del Informe, más allá de lo que éste diga, son consideradas de suma importancia. En esta cultura positivista el hacer de la investigación se presenta disociado de la escritura. La redacción científica es una destreza que se puede aprender, y esta empresa resulta fácil si se siguen las normas para la escritura establecidas por los organismos científicos de prestigio internacional.[7] Pero, tal como lo he dejado entrever más arriba, por medio del Informe se puede dar cuenta de una investigación de índole más cualitativa que integre la interpretación como un procedimiento para construir conocimiento. En estos casos nos situamos en los límites del Relato donde el Informe de manera privilegiada emula la estructura narrativa inherente a la praxis y al discurso. Pero sobre este aspecto me ocuparé más adelante.

---

6. Cuando el Informe está dominado por una concepción positivista (tradicional o neo-positivista) predominan en él los diseños experimentales y los procedimientos cuantitativos-estadísticos. Se prueban hipótesis, se precisan y miden variables en busca de leyes causales que expliquen las regularidades encontradas, eliminando de cuajo todo vestigio de subjetividad tanto en la observación como en la interpretación de los datos recogidos. Predomina una idea de la investigación psicológica a imagen y semejanza del método científico tal como se utiliza en las Ciencias de la Naturaleza.
7. Hay normas establecidas para la escritura científica por organismos científicos, la mayoría anglosajones (Normas APA, Oxford, Harvard).

El Ensayo Científico[8]

Se considera al Ensayo como otro de los formatos válidos para la producción y presentación de conocimientos científicos. Según reconocen numerosos estudiosos e investigadores pertenecientes a diversos campos disciplinarios, el Ensayo constituye una composición expositiva o narración escrita que proporciona información, interpretación o explicación sobre un tema dado. El campo que se le considera propio, es el de la exposición de ideas en forma de opiniones personales que se ubican en el lugar de la verdad.[9] Un Ensayo Científico de naturaleza psicológica intenta encarar un problema relacionado con algún aspecto de la disciplina. Algunos pueden ser problemas de naturaleza práctica o motivados por cuestiones de índole práctica. El Ensayo Científico al igual que el Informe es un modo de escribir y también de pensar. Pero, en el Ensayo, a diferencia del Informe hay una mayor libertad en cuanto a la forma. No pretende sistema fijo o estable para pensar y escribir y no tiene preceptos deductivos. Es más flexible, más abierto, más libre. El rigor conceptual se centra en una argumentación clara y concisa.

El Ensayo como su nombre lo indica, ensaya y reconoce que hay algo de provisorio en la respuesta que proporciona en torno al saber. Miguel de Montaigne, considerado como el primero que utilizó el término ensayo lo

---

8. Pedro Laín Entralgo en el "Prólogo" a J. Casares, *El humorismo y otros ensayos*, (Espasa-Calpe, Madrid, 1961) distinguió entre ensayo poético y ensayo científico de la siguiente manera: "La intelección metafórica y la intelección conceptual, la captación mental de la realidad mediante metáforas y el apresamiento de lo real mediante conceptos. Nacen así los dos modos cardinales del ensayo, en cuanto género literario: el ensayo poético y el ensayo científico; modos –apenas será preciso indicarlo- en manera alguna mutuamente excluyentes...".

9. Así lo sostienen entre otros: Lukács, George (1911) "Sobre la esencia y forma del ensayo" en *El alma y las formas,* Grijalbo, México, 1983. Adorno, Theodor (1962) "El ensayo como forma" en *Notas de literatura* Ariel, Barcelona. Bruner, Jerome (1962) *El saber y el sentir. Ensayos para la mano izquierda*, Editorial Pax-México, México, 1967. Rest, Jaime (1979*) Conceptos de Literatura Moderna*, Ceal, Buenos Aires. Gruner, Eduardo (1996) *Un género culpable*, Homo Sapiens, Rosario. Menin, Ovide (2001) "El diseño de una tesis" en: Chiroleu, Adriana (comp.) *Repensando la Educación Superior,* Rosario, UNR Editora. Blanco, Oscar (2002) "Tensiones discursivas en la ensayística de Ramos Mejía" en *Historia del Ensayo Argentino,* Alianza, Buenos Aires. Rosa, Nicolás (2003) "La sinrazón del ensayo" en *Historia del Ensayo Argentino,* Alianza, Buenos Aires.

caracterizó de la siguiente manera: "Es el juicio un instrumento necesario en el examen de toda clase de asuntos, por eso yo lo ejercito en toda ocasión en estos ensayos. Si se trata de una materia que no entiendo, con mayor razón me sirvo de él, sondeando el vado desde lejos; y luego, si lo encuentro demasiado profundo para mi estatura, me detengo en la orilla. El convencimiento de no poder ir más allá es un signo del valor del juicio, y de los de mayor consideración. A veces imagino dar cuerpo a un asunto baladí e insignificante, buscando en qué apoyarlo y consolidarlo; otras, mis reflexiones pasan a un asunto noble y discutido en el que nada nuevo puede hallarse, puesto que el camino está tan trillado que no hay más recurso que seguir la pista que otros recorrieron. En los primeros el juicio se encuentra como a sus anchas, escoge el camino que mejor se le antoja, y entre mil senderos decide que éste o aquél son los más convenientes. Elijo al azar el primer argumento. Todos para mí son igualmente buenos y nunca me propongo agotarlos, porque a ninguno contemplo por entero: no declaran otro tanto quienes nos prometen tratar todos los aspectos de las cosas. De cien miembros y rostros que tiene cada cosa, escojo uno, ya para acariciarlo, ya para desflorarlo y a veces para penetrar hasta el hueso. Reflexiono sobre las cosas, no con amplitud sino con toda la profundidad de que soy capaz, y las más de las veces me gusta examinarlas por su aspecto más inusitado. Me atrevería a tratar a fondo alguna materia si me conociera menos y me engañara sobre mi impotencia. Soltando aquí una frase, allá otra, como partes separadas del conjunto, desviadas, sin designio ni plan, no se espera de mí que lo haga bien ni que me concentre en mí mismo. Varío cuando me place y me entrego a la duda y a la incertidumbre, y a mi manera habitual que es la ignorancia".[10]

También Max Bense sostuvo que quien escribe ensayísticamente compone experimentando, haciendo rodar un tema de un lado a otro, preguntado, apelando, palpando y esto estaba garantizado porque según este autor "es posible trasladar el texto literario a una configuración lógica llena de sentido, lo cual revela de qué manera puede ya estar preformada una auténtica prosa conceptual en el interior de una prosa artística".[11] Desde esta perspectiva el Ensayo atraviesa con la reflexión el objeto que estudia, para re-volver,

---

10. Miguel de Montaigne, En el ensayo número 50 del libro primero, que tituló "De Democritus et Heraclitus". (289-290).
11. Max Bense; *Estética,* Nueva Visión, Buenos Aires, 1973, (70-71).

para volver a pensar, experimentando con el tema y con los problemas planteados. Manifestación clara del pensamiento letrado, el Ensayo toma esta orientación cognitiva, de búsqueda intencional, razonada y fundamentada de un saber. De este modo se constituye en algo más que en una forma literaria desbordando el papel de "género de divulgación" al que han pretendido relegarlo los defensores del rigor científico, sólo reconocido como posible si se siguen las pautas y criterios establecidos para el Informe de Investigación.

El Ensayo juzga, pero vale, no tanto por lo que sentencia, sino por el proceso de juzgar. El discurso y los supuestos se fundamentan y se desarrollan en el marco dado por las teorías científicas a las cuales se apela, en la exposición de aspectos o resultados de investigaciones. Un Ensayo Científico puede dar cuenta de un trabajo intelectual en el cual se han integrado la observación sistemática, las lecturas rigurosas, la discusión que contrasta y la escritura que favorece la reflexión y que interviene como un instrumento para llegar a saber lo que se piensa.

Hay en el Ensayo una mirada crítica. Ensayar, experimentar, juzgar y criticar son prácticas que lo caracterizan. El que ensaya critica buscando las condiciones bajo las cuales el tema se renueva de manera distinta. De este modo en la crítica hay algo de transgresión, de ruptura con un saber establecido o, con un enfoque o, con una idea hegemónica. Esta transgresión abre el camino a la creación y pone en el tapete la perspectiva ética del autor. Theodor W. Adorno afirmó: "El ensayo es la forma crítica por excelencia, y precisamente como crítica inmanente de las formaciones espirituales, como confrontación de lo que son con su concepto, el ensayo es crítica de la ideología".[12]

De este modo el Ensayo Científico se legaliza en una doble instancia: (1) El Ensayo como una forma de pensar, de producir conocimiento. Cuando digo que el Ensayo es una forma de pensar, quiero indicar esta articulación entre pensamiento y escritura, este pensamiento letrado que hace posible el diálogo íntimo del ensayista consigo mismo. Es esta dimensión de conciencia, de reflexión intencionada lo que lo caracteriza. En esta perspectiva el Ensayo pertenece a un campo del saber que autoriza al sujeto que sostiene la enunciación a instaurar algo como problema y luego juzgar, ensayar, emitir

---

12. Adorno Theodor W. (1962) *Notas sobre literatura,* Taurus, Madrid.

una opinión al respecto y concluir. Se expone y se divulga un saber de pertenencia científica. (2) Por otro lado el Ensayo pertenece al ámbito literario, de la buena escritura que marca parte de su prestigio. Para ello recurre, a diferencia del Informe, a toda una gama de figuras retóricas que se articulan, de manera ingeniosa, como una parte fundamental de las estrategias argumentativas. De este modo el Ensayo Científico entreteje ciencia y literatura, tarea por lo que sabemos, nada fácil.

Desde otra perspectiva el Ensayo constituye una práctica discursiva que exalta la subjetividad al exponer ideas en forma de opiniones personales que se ubican en el lugar de la verdad. Ahí radica la importancia otorgada a la legalidad del sujeto en la textualización. Trata de construir un sujeto que esté autorizado, que se permite disentir, que dialoga, que discute, que formula conjeturas, que argumenta, que fija su posición respecto al saber disciplinario del cual se ocupa.

Si bien, como se señaló anteriormente, en el Ensayo no existen reglas fijas, se admite que la forma por excelencia es la prosa. El título del Ensayo, al igual que lo que ocurre con otros géneros literarios, es un recurso estilístico que el autor emplea consciente de sus efectos artísticos. Aunque Montaigne, señalo que: "Los títulos de mis ensayos no siempre abarcan la materia; a menudo ellos la indican únicamente por alguna señal..." en el Ensayo Científico, según creo, el título permite articular, si así se prefiere, el contenido de la materia que trata con efectos artístico literarios. Por otro lado, la extensión del Ensayo está dada por su unidad y ésta no es una cuestión externa de cantidad de páginas sino interna. La unidad del Ensayo Científico surge de la articulación entre la unidad de la argumentación –o de significación– y la unidad literaria.

Como ya se ha sugerido, el propósito de un Ensayo no es sólo el de proporcionar soluciones a problemas concretos de la disciplina, sino el de sugerirlas; o reflexionar sobre nuevos posibles ángulos de observación de un mismo problema. Esto conduce a que el que ensaya en la disciplina apele con frecuencia a la brevedad en la exposición y profundidad en el pensamiento. Al no limitarse, en la exposición de sus pensamientos, a un estricto método, cuando discurre sobre un tema de un modo prolongado, se suelen diferenciar partes en el texto, en sí independientes, aun cuando traten un mismo asunto. De este modo, ciertos Ensayos pueden aparecer en forma de libro con páginas divididas en secciones o capítulos. Estas partes suelen ser varios ensayos sobre un mismo tema y agrupados en un libro. Algunos investigadores, como es el caso de Ovide Menin, afirman que una Tesis Doctoral puede estar sostenida sobre la trama cognitiva y literaria de un Ensayo.[13] El problema, pues, no está en reconocer que una Tesis puede tomar la forma del Ensayo sino en encontrar una Unidad Académica Universitaria, en este mundo occidental contemporáneo, que lo acepte, reconociéndolo públicamente, y un tribunal dispuesto a valorarla.

Asimismo, la mayor parte de los autores citados: Jerome Bruner (1962, 2002), Eduardo Grüner (1996), Ovide Menin (2001), Oscar Blanco (2002), Nicolás Rosa (2003), coinciden –en más o en menos– en una cuestión central: que el Ensayo hizo su aparición como una alternativa a la prosa científica de fuerte inspiración positivista, que avanzó en el pensamiento de la modernidad. El Ensayo ha sido y es, aunque "género culpable" (Grüner, 1996), la otra manera de exponer ideas y una forma más libre y atrevida de pensar y producir conocimiento científico. Sobre todo en el campo de las ciencias humanas y, de manera privilegiada, en la Psicología.

El Relato de Experiencia

Los Relatos de Experiencias son Informes de Investigación que adoptan una estructura narrativa para dar cuenta de aquellas producciones científicas surgidas tras implementar un Plan, Proyecto o Programa de Intervención. Por lo general responden a un diseño que suele denominarse de Investigación/Acción o, más precisamente, de Investigación/Transformación aunque este tipo de producción de conocimiento se adecua a lo que en la psicología suele denominarse intervención o estrategia clínica.[14] Este modelo de investigación tiene una raíz epistemológica globalmente denominada cualitativa y se relaciona a un paradigma interpretativo. Un rasgo característico de este modelo es que no hay un Plan estricto que

---

13. Menin, Ovide (2002) obra citada.

14. El término "investigación/acción" proviene de Kurt Lewin quien lo utilizó por primera vez hacia 1944. Describía una forma de investigación que podía ligar el enfoque experimental de la ciencia social con programas de acción social que respondieran a los problemas sociales principales de entonces. Mediante la investigación/acción, Lewin argumentaba que se podían lograr en forma simultánea avances teóricos y cambios sociales.

cumplir o seguir paso a paso. Existen problemas planteados, objetivos formulados, conjeturas más que hipótesis, categorías a construir y, un camino por hacer donde se encontrarán muchos emergentes que demandarán análisis, interpretación, categorización, para después, hacia el final, concluir. De este modo, la investigación se transforma en una construcción narrativa, participativa, de carácter grupal, que alienta la diversidad de miradas e interpretaciones, que incorpora entrevistas, grupos de discusión y observación atenta de la escena y del escenario. El Relato se transforma en el modelo de escritura más natural e idóneo para dar cuenta de ella.[15] Este proceso narrativo inmerso en la propia acción/investigación, adopta la forma de una espiral donde se van dando los momentos básicos en una secuencia temporal: problematización, valoración diagnóstica, diseño de una propuestas de acción/transformación, ejecución de la propuesta, nueva evaluación, conclusiones y, con toda probabilidad, nueva problematización.

En la investigación/acción la producción y utilización de conocimiento se subordina a un objetivo fundamental: resolver un problema que conlleva una transformación. Confluyen proyecto de intervención profesional con producción científica. Si bien las prácticas profesionales se diferencian de la actividad científica es posible encontrar algunos puntos de convergencia e interconexión entre unas y otras. Mientras que las primeras buscan resolver un problema o dar respuesta eficaz a una demanda, a las segundas se les exige que sus descripciones den cuenta de regularidades de hechos que se inserten en teorías que los expliquen. Ilustra un proceso en el cual las ideas se comprueban y desarrollan en la acción, en el seno mismo de la prestación de un servicio o en el ejercicio de una práctica profesional.

Cuando en Psicología se hace investigación/acción es necesario precisar un interés particular: reconocer la trama intencional de los sujetos o agentes y las fuerzas sociales y culturales que constituyen el telón de fondo de la experiencia humana que se constata. De este modo los que indagan necesitan disponer de una matriz conceptual interdisciplinar en la cual sustentar las interpretaciones. Desde esta perspectiva holística, la acción

---

15. Temporetti, Félix; *La investigación como construcción.* El caso de un estudio psicológico cultural con grupos de niños. *Paper* presentado en el "Seminario Los mundos culturales de la Infancia: aproximaciones interpretativas", Universidad Autónoma de Madrid, 5-6 Junio, 2003.

humana –gestual o verbal– en tanto unidad de análisis compleja, es entendida como acción intencional e intencionada, desplegada por sujetos concretos. Es, asimismo, una acción mediada por instrumentos o aparatos que se encuentran en la cultura local o son recreados a partir de ella. Y es también, una acción situada en un peculiar contexto institucional, sociocultural, económico, político e histórico. Se concibe a los participantes en la investigación como sujetos de acción y palabra, con criterios para reflexionar sobre lo que se hace, cómo se hace, por qué se hace y las consecuencias de la acción. El criterio de verdad no sólo se desprende del proceder técnico-metodológico desplegado sino del análisis y el contraste de informaciones y experiencias. La indagación al incluir la intervención permite probar las conjeturas y generar nuevos conocimientos tanto en el que investiga como en los investigados. De este modo la investigación/acción construye categorías científicas para comprender y/o transformar partiendo del trabajo colaborativo de los implicados en la cuestión.

La interpretación de lo que ocurre es una transacción de las narraciones e interpretaciones particulares de cada actor. El rigor científico en este caso está dado por la capacidad para captar la subjetividad de las personas: sus intenciones, creencias y significados construidos en el discurso ordinario, y en el lenguaje de sentido común que utilizan en la convivencia cotidiana. La explicación de lo que sucede implica elaborar un guión sobre la situación y los actores en su contexto. Este guión resulta ser una narración y no una teoría.

CAPÍTULO 4

La Monografía*

FÉLIX TEMPORETTI

Naturaleza de la Monografía y su valor como recurso educativo

¿Qué se entiende por Monografía? ¿Cuál es su finalidad específica? ¿Cuál su estructura básica? La Monografía, en el sentido estricto del término, es un tipo de escrito científico. Tal como se explicitó en otra parte de este libro, consideramos que todo escrito científico se relaciona de manera estrecha con un trabajo de investigación que opera tanto con datos primarios como con datos secundarios. La Monografía, según entendemos, consiste en un trabajo de investigación bibliográfica sobre un tema específico para luego ser divulgado. En tanto texto escrito presenta el contenido sobre el cual versa acorde a unas pautas y criterios de redacción científica. Se reconocen dos tipos básicos de Monografías: aquellas en las cuales predomina la recopilación bibliográfica y otras en las cuales predomina la tarea de indagación. Las primeras se construyen sobre la base de las ideas y argumentos de los

---

*   Este artículo se elaboró sobre la base de diversos textos utilizados como guías para docentes y estudiantes en la producción de trabajos monográficos en diversos niveles educativos. Tiene una impronta de guía para aprender a elaborar Monografías. Recoge la experiencia sobre el tema, durante más de diez años, con alumnos y profesores tanto en el ámbito secundario como terciario, así como en carreras de grado universitario y en cursos de postgrado.

autores consultados haciendo referencia directa de los mismos y concluyendo en una síntesis. Su calidad depende de las fuentes seleccionadas y de la habilidad con que se sistematizan y jerarquizan las ideas. Suelen ser muy buenas compilaciones. En las segundas, como trabajo de investigación, se pretende obtener de las fuentes documentales datos e informaciones para responder a los problemas planteados en torno a la temática específica elegida. El trabajo consiste en reunir datos que otorguen validez a la interpretación que se desea sustentar estableciendo relaciones entre los mismos.

Si nos atenemos a la segunda significación en la Monografía, de manera algo similar a lo que ocurre con el Ensayo Científico, el trabajo de investigación y la textualización se entretejen y retroalimentan. La producción escrita –mezcla de lectura, reflexión, interpretación y redacción– es, en el mejor de los casos, mucho más que una mera exposición de lo leído. Constituye un tipo de indagación que encuentra en la bibliografía existente sobre la cuestión su base de datos y punto de apoyo principal. Esa información bibliográfica disponible es re-elaborada y re-pensada por uno o varios sujetos concretos en un contexto particular. Hacer una Monografía desde nuestra perspectiva supone y exige una trabajo intelectual entre quienes se dispongan a encarar esta actividad.

Como contenido en la educación científica la Monografía ofrece múltiples posibilidades. Suele ser utilizada para introducir a los estudiantes –por lo general desde la enseñanza media– en las exigencias y recompensas que supone la realización con cierta autonomía, de un trabajo científico de investigación. La cantidad de tiempo a invertir lo determinan las posibilidades de cada uno de los grupos de alumnos y la experiencia de la institución y de los docentes en este tipo de prácticas. Si los alumnos no están entrenados en la curiosidad ni en el descubrimiento de problemas; si no ejercen la práctica de la reflexión y del pensamiento crítico, elaborar una Monografía puede resultar una práctica educativa compleja con resultados a largo plazo. Si la cultura imperante en la institución educativa no desarrolla una actitud científica que jerarquice la búsqueda de la verdad y la creación sobre la repetición y la copia, es muy probable que la realización de la Monografía se diluya en el intento o culmine siendo, en el mejor de los casos, una compilación de resúmenes sobre el tema. Debemos tener muy presente que aprender a pensar y enseñar para que los alumnos piensen, supone, en estos tiempos de *zapping, raiting, marketing,* y *shopping,* de lo *fast* y de lo *light* un ideal que roza la utopía, una opción cultural, política e ideológica por parte de los educadores y las instituciones educativas.[1] Si se opta por una cultura racional, científica, crítica, comunicativa y dialógica, cuanto antes se inicien estas adquisiciones más fácil resultará a los alumnos la producción y redacción de textos de naturaleza científica. La Monografía puede ser una excelente excusa para ello. No es fácil lograrlo, se suelen encontrar resistencias de todo tipo en diversas situaciones y lugares pero los esfuerzo se justifican si se está convencido que uno de los principales fines de la educación es poner al hombre como protagonista pensante y curioso indagador.

El proceso de elaboración de una Monografía

La elaboración de una Monografía en el contexto de las instituciones educativas se sostiene en tres grandes supuestos: (1) Es un ejercicio intelectual de observación, lectura, interpretación, retención, rescate de memoria, escritura y reescritura. (2) Es una actividad social que demanda intercambio, diálogo, discusión sobre todo entre alumnos y profesores. En los niveles de postgrado –maestrías y doctorados– este intercambio se hace más imaginativo, virtual y se sostiene de manera privilegiada en la

---

1. Los términos anglosajones *shopping*, *marketing*, *raiting*, *zapping*, *fast*, *light*, ya incorporados en la jerga cotidiana, conforman una red conceptual de sentido. En las últimas décadas el desarrollo de políticas neoliberales ha dibujado un nuevo paisaje cultural sobre la base de una economía del *shopping*, del *marketing,* del *raiting* y "una vida de marcas". La venta y la compra de productos se asocia no solo a la satisfacción al instante de deseos y necesidades sino también a la promesa de obtener con ellos un estilo de vida y formar parte de un grupo social. Con la práctica del *zapping* se instala una visión fragmentada, es posible echar un vistazo rápido para ver varias cosas al mismo tiempo. Las ofertas de consumo y la ilusión de libertad de elección e inmediatismo que da el *zapping* apabullan el deseo de los jóvenes generando continuas adicciones y modelando una buena parte de su identidad y del pensamiento. Lo *light-fast* da cuenta de esta concepción hedonista basada en la búsqueda de sensaciones cada vez más nuevas y excitantes donde lo fugaz y efímero, lo trivial, ligero, frívolo, superficial, rápido, y volátil son rasgos emergentes y condiciones necesarias. Cada vez son menos los que tienen paciencia para leer mensajes que tengan más de tres líneas, son escasas las capacidades de concentración y de esfuerzo analítico, condiciones éstas esenciales en la cultura científica.

lectura dialógica y crítica que el lector establece con los autores de cada texto. (3) Realizar una Monografía no es una cuestión meramente lingüística, un género discursivo o un asunto del área de la Lengua. Además de eso es una cuestión de pensamiento y lenguaje disciplinario que implica la "materia o asignatura" en cuestión.[2]

Así entendida, las tareas en el proceso de elaboración de una Monografía suelen ser las siguientes:

Elección del Tema. El Tema de la Monografía delimita el campo específico del estudio que se va a realizar. Dicha elección pone en juego decisiones que, justificadas o no, dejarán en evidencia el modelo y las estrategias educativas de las instituciones en las cuales se realiza. ¿Quién decide sobre qué se va a investigar? ¿El estudiante, el profesor, los directivos, entre todos? El tema ¿se impone, se pacta, se negocia? ¿Cualquier tema es válido y/o digno de estudio? En el momento de esta elección hay que tener claro qué se busca y aquí el papel de los educadores y responsables de la enseñanza es decisivo. Hay una cultura institucional en la cual se encuadra, para bien o para mal, la decisión personal.[3]

Supongamos una institución educativa en la cual uno de los objetivos es formar sujetos con un pensamiento relativamente autónomo y responsables de las consecuencias de sus elecciones. En tal caso se otorgaría al

---

2. En nuestra experiencia, en particular en el nivel de educación secundaria, en el tercer ciclo de la Educación General Básica y Polimodal, muchos docentes consideraban que la realización de la Monografía era una cuestión básicamente de "aprender a escribir" y por lo tanto sostenían, algunos con vehemencia, que eran los profesores de Lengua y no los de otras Disciplinas, quienes debían estar más implicados en el asunto. Al mismo tiempo pudimos constatar que para muchos de los Profesores de las otras Disciplinas la producción de textos científicos tales como el Ensayo o la Monografía no habían sido una práctica o contenido habitual en su formación o enseñanza. La mayoría no estaban habituados a utilizar la disciplina como un lenguaje y el saber disciplinario como una forma concreta de organizar el pensamiento científico. Predominaba la enseñanza de datos, conceptos, enunciados y leyes sobre una visión más narrativa e interpretativa de la ciencia.

3. Las opciones pueden ser múltiples y acordes a los contenidos curriculares y objetivos de la enseñanza. Ejemplos: (1) Los alumnos tienen libertad de elección del tema siempre y cuando el enfoque del mismo se encuadre desde una perspectiva disciplinaria determinada. (2) Los alumnos tienen libertad de elegir el enfoque sobre un único tema central que propone el docente o la institución.

estudiante libertad para elegir el tema de estudio dentro de un enfoque disciplinario determinado siempre y cuando lo haga con dignidad.[4] Si este fuese el caso, la primera y ardua tarea a la que se enfrentará el autor consistirá en determinar sobre qué quiere investigar, explorando a partir de su ignorancia sobre el tema y buscando conocer algo nuevo. Se puede comenzar eligiendo una o más Disciplinas de interés (Biología, Psicología, Ciencias Naturales, Filosofía, etc.) y dentro de ellas acotar un tema. También el punto de partida puede ser un tema concreto y luego precisar el "área de conocimiento" desde la cual puede ser tratado; son muchos los temas que exigen un tratamiento interdisciplinario. Es muy frecuente proponer a los alumnos que elijan dentro de un marco teórico o perspectiva predeterminada que corresponde al Seminario, Materia o Área que se está cursando.

Dentro de la concepción general que sustentamos, cuando se otorga al alumno libertad para elegir el tema es importante tener en cuenta las siguientes cuestiones: (a) "El interés personal": Se tiene algún motivo o intuición personal para indagar sobre la temática. Los intereses sobre la misma pueden ser desde muy personales hasta muy sociales. Es una de las maneras de garantizar que el autor se implique en la realización de la Monografía. Todo parece indicar que se asume con mayor responsabilidad el compromiso de pensar un contenido si éste resulta de interés. En estos casos los profesores ayudan, orientan, discuten y facilitan medios pero la decisión final debe ser responsabilidad del alumno. (b) "Concreción y precisión": El tema ha de ser preciso, limitado en su alcance para permitir el análisis a fondo. No ha de ser ni vago ni genérico. He ahí una característica esencial de la *mono-grafía*. Por ejemplo, no basta con decir: "Voy a estudiar el deporte o las drogas o sobre el psiquismo humano"; habrá que especificar qué se quiere conocer acerca de los mismos. Esta precisión se suele facilitar si hacemos explícitos, con mayor o menor claridad, las metas del estudio: qué se quiere saber. (c) "Viabilidad": Es necesario verificar que la realización del trabajo sea viable. La viabilidad, en este caso, se relaciona con la información pertinente disponible, tanto por parte del alumno y su entorno, como de la institución educativa. También debemos apreciar el

---

4. Dignidad en el sentido de correspondencia o acomodación al mérito y condición de la persona y/o de la cosa.

tiempo previsto para realizarla.[5] (d) "Investigación y elaboración":
Recordemos que el trabajo monográfico se concibe como una tarea de investigación, resultante de una búsqueda de datos; de un trabajo de lectura guiada por los interrogantes formulados y de un proceso de reflexión colectiva
y de elaboración personal del alumno. (e) "La novedad": Que puede estar
tanto en el contenido como en la manera de formular la problemática. Este
requisito no resulta nada fácil de cumplir. La novedad de una temática suele
ser relativa a la cultura local e institucional en la cual se produce y/o a los
medios disponibles para informarse sobre el "estado del arte" o cuestión.

¿Formular problemas o elaborar hipótesis? Esta es una de las cuestiones básicas a resolver cuando uno se dispone a iniciar una investigación.
Una investigación para que de resultados óptimos debe estar guiada. El planteo de hipótesis o la formulación de problemas suelen ser las alternativas
utilizadas.

Están quienes consideran que una de las primeras tareas del trabajo monográfico, una vez elegido el tema, consiste en "elaborar hipótesis". Ahora bien,
¿qué se entiende por hipótesis? La formulación de hipótesis es una de las
tentativas de elaborar una explicación provisional mediante una suposición
destinada a guiar la investigación. En las ciencias naturales se da el nombre
de hipótesis a una suposición que se hace con el fin de explicar los hechos
observados. Esta suposición gira en torno a la relación existente entre dos
o más variables. Así, para explicar las leyes de la combinación química se
supone que los cuerpos están compuestos por pequeñísimas partículas: los
átomos. En Psicología para explicar los *lapsus* en el habla o algunos síntomas neuróticos el psicoanálisis supone la existencia de procesos psíquicos
inconscientes.

---

5. El tiempo es un componente muy importante a tener en cuenta. Estamos persuadidos
que el saber ocupa lugar y el pensamiento requiere su tiempo no tanto intenso sino más
bien extenso. Se necesita tiempo para localizar fuentes, recoger información, leer, interpretar, organizar las ideas, ensayar, revisar, corregir y/o reformular. Esta dimensión temporal suele ser descuidada cuando se propone a los alumnos la producción de textos científicos. Resulta difícil pensar y escribir en los modelos de enseñanza enciclopédicos ya
que se distrae una buena parte del tiempo necesario para completar el Programa. Resulta
una tarea agotadora en los modelos de enseñanza "cortos e intensos", esa especie de *fast
learning* que muchas instituciones han oficializado haciendo del cuatrimestre la secuencia temporal ideal para aprender cualquier contenido.

Una hipótesis resulta aceptable si variables y términos están definidos con claridad y delimitados con precisión. Las hipótesis se rechazan cuando estas aparecen como meras especulaciones y se las admiten cuando se expresan en proposiciones condicionales y verificables. En los diseños experimentales, como un requisito básico impuesto en ciencia por los positivistas, las variables se definen en términos operacionales lo que hace posible la medición y el control. La observación, el contraste empírico y el análisis de los datos, según la metodología de investigación diseñada, mostrará si la hipótesis se comprueba como verdadera, si se debe rectificar o refutar. En síntesis, una hipótesis es la tentativa de explicación provisional mediante una suposición o conjetura verosímil, formulada teóricamente y destinada a guiar la investigación, y debe ser abandonada (refutación), rectificada (corrección) o mantenida (verificación) después de ser sometida a la verificación empírica. Formular hipótesis es uno de los elementos básicos del método científico y funciona como primer nivel de una teoría, nivel que por la verificación empírica se transformará en ley o teoría.

Para formular hipótesis se requiere, además de conocer con solvencia el proceder científico, tener un adecuado domino de la disciplina. Las hipótesis a la vez que procuran dar nuevas explicaciones sobre hechos aún no comprobados son la síntesis del conocimiento alcanzado hasta ese momento. Estamos convencidos que estos requisitos resultan difíciles de reunir para quienes se inician en la aventura de la investigación ya sea con un diseño experimental o con la elaboración de una Monografía. Sin embargo hemos podido comprobar cómo en ciertos textos y procederes relacionados con la educación científica se suele demandar a los alumnos, con cierta ligereza, la elaboración de hipótesis. La complejidad del desafío conduce a que en muchas de estas situaciones la formulación de una simple suposición, conjetura o creencia sobre un hecho o fenómeno se presenta como hipótesis con escaso rigor metodológico y sin hacer explícita su relación con una teoría o disciplina científica.

Por otro lado, se sostiene que más que proponer y comprobar hipótesis la elaboración de la Monografía debe tomar como punto de partida y guía la formulación de problemas y la búsqueda de soluciones a los mismos. Un problema constituye una dificultad intelectual o práctica cuya solución no es evidente o conocida, hay que buscarla y exige un esfuerzo para resolverla. La naturaleza del problema se concreta en interrogantes acerca del qué, cómo, cuándo, dónde, por qué, y demás de los elementos o componentes observados en el tema. El "planteo de un problema", al igual que la "formulación de hipótesis", es, con seguridad, la fase más importante en cualquier tipo de investigación. Si el problema está bien formulado se ha dado un paso importante. A partir de ahí el método y las técnicas a utilizar harán el resto.

Si bien no existen reglas específicas para descubrir problemas, la experiencia nos ha aportado algunos saberes útiles a tener en cuenta. Dos son las fuentes principales en la búsqueda de problemas: (a) Por un lado la teoría, el conjunto de conocimientos acumulados en el área o disciplina de la que se ocupan. Se identifican los vacíos y las inconsistencias, se critican soluciones y supuestos vigentes. El tipo de formación disciplinar es fundamental y cuanto más se sepa de la disciplina, mejor. (b) Otra fuente es la práctica cotidiana, social, profesional. El saber observar y apreciar, conflictos, síntomas, obstáculos, dudas y contradicciones que disparan la reflexión y el análisis y la búsqueda de respuestas. Análisis que se realiza desde una perspectiva disciplinar e interdisciplinar para explicar, entender y dominar hechos y situaciones.

Los pasos que conducen a la conceptualización de un problema de investigación suelen ser: (1) Elección de tema; (2) Lectura, revisión de bibliografía y análisis teórico; (3) Ubicación y formulación de la problemática (de uno o más problemas); (4) Explicitación de los objetivos del estudio.

Ante un tema, hecho o fenómeno surgen interrogantes, la mayoría de los cuales se orientan hacia la descripción y otros hacia la interpretación y explicación. Estos nos ayudarán a sistematizar y ordenar la problemática:

- La cantidad o ¿Cuántos?: ¿Cuál es la tasa de desocupados en un sector X de la producción? ¿Qué cantidad de niños presentan dificultades significativas en el aprendizaje de la escritura?
- La ubicación o ¿Dónde?: ¿Dónde se encuentran las mayores zonas de violencia familiar de la zona del Litoral? ¿En qué región del país se localiza la mayor taza de suicidios juveniles?
- Una propiedad característica: ¿Utilizan los niños mendigos mayor cantidad y variedad de malas palabras que los niños de clase media? ¿Qué actitudes presentan los maestros ante la reforma educativa?
- Las partes, clases o categorías de un fenómeno: ¿Qué tipos de violencia es posible diferenciar en las instituciones educativas? ¿Pueden

determinarse sectores diferenciados en la izquierda política de nuestro país?

- Una clasificación o tipología: ¿Cómo se clasifican las empresas según el servicio que prestan? ¿Cuáles son los géneros discursivos utilizados con mayor frecuencia por los niños en sus interacciones cotidianas?
- Las relaciones de un fenómeno: ¿Con cuáles factores se relaciona el abuso sexual de menores?
- El desarrollo, evolución o etapas del fenómeno: ¿Cómo se desarrolla...? ¿Qué etapas se reconocen en...?
- La comparación: ¿Cuáles de las teorías: *conductista, cognitivista* o *constructivista,* explica mejor los procesos y mecanismos del aprendizaje?
- Las relaciones causales: ¿Cuáles son causas principales en la deserción universitaria?

Bosquejo de la Monografía. Como se indicó con anterioridad la determinación del tema-problema de la Monografía no es algo instantáneo sino que supone un trabajo intelectual por parte de los alumnos que demanda la intervención educativa. Una vez concluido el proceso de elección del tema y de la formulación del problema se sugiere elaborar un *Bosquejo de la Monografía* abarcando aspectos como los siguientes:

1. Enunciar el tema-problema con exposición de los motivos de su elección.
2. Determinar las áreas, disciplinas o enfoques implicados en el tema elegido.
3. Analizar el tema enumerando sus aspectos principales y especificando aquellos sobre los cuales se va a centrar el estudio.
4. Formular los objetivos que se pretenden alcanzar.
5. Indicar el tipo de fuentes bibliográficas que será preciso consultar.
6. Indicar la importancia y utilidad del presente estudio.

Este "Bosquejo de la Monografía" resulta sumamente valioso para concretar y fijar las ideas. Además se utiliza como guía y orientación en las tareas posteriores.

La Información. Una de las bases en las cuales se sustenta la Monografía es la Información o conocimientos existentes sobre el tema del cual va a tratar. La obtención de información requiere de una labor previa de recopilación de fuentes donde se pueda encontrar la información buscada. Algunas preguntas para orientar la búsqueda son: ¿Qué se ha escrito sobre el tema?, ¿Dónde podremos encontrar libros o documentos sobre el tema?, ¿Cómo podré procurarme la documentación? Recordemos que respecto a la información acumulada, la Monografía, pretende aportar algo nuevo o desarrollar al menos, un aspecto, ya que la misma no puede limitarse a un conjunto de resúmenes de la información existente. Cuando los alumnos producen Monografías-resúmenes lo que queda en evidencia no es la capacidad del alumno sino el modelo cultural de la institución educativa. La posibilidad para acceder a información diversa y la habilidad para utilizarla con inteligencia constituyen recursos institucionales y tareas educativas y no una capacidad inherente a los alumnos. De este modo la realización de la Monografía puede ser una excusa para que la institución revise las fuentes que pone a disposición del alumno: Biblioteca, Base de datos, Internet, Acceso a Bibliotecas Virtuales, así como bibliotecarios y personal para orientar la búsqueda de información electrónica. No es posible pensar sin información y es más complicado hacerlo sin el apoyo de otros que saben más.

Los "documentos" son los soportes materiales en que se recogen, contienen y conservan la información, en este caso científica, en forma escrita, gráfica o sonora.[6] Estar informados, no consiste en almacenar muchas ideas y noticias, sino en poder acceder a una buena documentación, pertinente a la problemática planteada y saber utilizarla. Es tarea de la Institución Educativa entrenar a los alumnos en los procedimientos para acceder a la información y enseñarles acerca de: (a) Los sistemas y centros de información y documentación existentes y accesibles tales como bibliotecas; centros de documentación; sistemas electrónicos, bases y bancos de datos. (b) Las fuentes de información y sus tipos básicos: obras de referencia y publicaciones periódicas.[7]

---

6. Los documentos pueden ser clasificados según el soporte físico (gráficos, iconográficos, fónicos, plásticos, audiovisuales y multimedia), su contenido o nivel informativo (primarios, secundarios, terciarios) y la disponibilidad o posibilidad de acceso al mismo (publicados, inéditos, reservados).

7. En las "obras de referencia" se agrupan tanto libros, textos de definición y consulta (enciclopedias y diccionarios) como los de exposición, estudio y discusión (tratados,

La Documentación. En la Monografía el fin de la lectura es obtener la información que será necesaria para su posterior elaboración. Se examina, describe y extrae de los documentos una síntesis de su contenido informativo teniendo como referencia las incógnitas y conjeturas sugeridas en la problemática del tema. La finalidad es la "Documentación". Se ponen en juego las diversas estrategias y técnicas de lectura que si la institución no las ha enseñado o desarrollado en los alumnos aquí tendría una buena excusa para hacerlo. Como "procedimiento de registro" se propone la elaboración de "Fichas de Trabajo". La tarea de documentación queda concluida cuando, una vez seleccionada la bibliografía, consultada y leída se ha recogido en fichas toda la información de interés.

Se suelen diferenciar distintos tipos de fichas: (a) "Textuales": En ellas se registran al pie de la letra partes del texto contenido en las obras consultadas. En caso de que el texto consultado sea en una lengua extranjera, lo correcto es no traducir. (b) "Resúmenes": Se consiga una síntesis de las ideas e informaciones que consideramos de interés para el trabajo. Pueden incluirse comentarios personales sobre la obra y el autor los cuales conviene colocarlos entre corchetes para no confundirlos con frases tomadas de la obra. (c) "Mixtas": Estas fichas reúnen las características de las dos anteriores. (d) "Personales": En estas fichas se anotan las reflexiones que se hagan en relación con las cuestiones tratadas en la Monografía. Resulta muy útil registrar las ideas e "iluminaciones" cuando se nos ocurren, que suele ser en cualquier momento y lugar.

Es conveniente incluir en las fichas una "descripción documental", consistente en la enumeración de los aspectos formales del documento consultado. Se propone este orden: Autor (Apellido y Nombre), año de la edición consultada (entre paréntesis), título, editorial, lugar de edición, año de la primera edición (si la hubo). Ejemplo: GUTIERREZ, M. (1995) *Estudios sobre narrativa folklórica.* Paidos, Buenos Aires, Primera edición 1986.

La Redacción. En la redacción es preciso recapitular las informaciones recogidas y las ideas descubiertas sobre el tema. Es el momento de dar forma

---

manuales, monografías) y los de datos y hechos, de referencia no genérica sino específica (directorios, guías, repertorios, anuarios). En las "publicaciones periódicas" se incluyen revistas, boletines, anuarios. Otras fuentes, comprenden: manuscritos, documentos escritos de archivos, objetos artísticos, arqueológicos y etnográficos.

escrita a las ideas. Es un acto complejo y sujeto a reflexión, metacognición y re-elaboración. El escrito debe someterse a principios de composición que, en líneas generales, caracterizan la producción de textos científicos. Algunos de los cuales son:

- *La Organización:* Creemos que no existe un esquema fijo y único para organizar la Monografía. No obstante ello, el contenido se suele dividir en tres partes principales que en conjunto dan coherencia al texto y a la argumentación. Responde al modelo de una estructura narrativa básica de principio, medio y fin:

   (1) "La Introducción": El contenido de la introducción varía según el tema tratado y las decisiones que se adopten respecto al diseño de escritura. Se recomienda que sea breve. Suele incluir los siguientes puntos: (a) Una explicación de la finalidad del trabajo indicando las razones y motivos por las cuales se ha elegido ese tema y el interés que presenta su estudio. (b) Se platea la problemática, los interrogantes y/o conjeturas que desencadenan la investigación. Si el problema se presenta de manera clara el lector se interesará por la solución que se proponga. (c) Se hace referencia a la literatura consultada y el procedimiento utilizado en la investigación del problema. Algunas preguntas que encontrarán respuesta en esta sección son: ¿Cuál es el objetivo del estudio?, ¿Por qué se realizó?, ¿Cuál es el problema?, ¿Cuán importante es el problema?, ¿Qué trabajos indican que el problema existe?

   (2) "El Desarrollo": Se examinan los antecedentes y la información básica. Se trata de resolver la cuestión planteada en la Introducción. Si fuese necesario se incluyen diagramas, estadísticas, ilustraciones, mapas, tablas, gráficas y otros soportes. Es importante permitir que el lector pueda seguir el desarrollo de la argumentación y de las evidencias presentadas.

   En lo que concierne al método, las técnicas y materiales utilizados se trata de proveer suficientes detalles como para que cualquier profesional competente pueda realizar la indagación propuesta. Se demostrará que los resultados están respaldados por cierto mérito científico y son reproducibles. En este punto el

adecuado uso de citas, notas y referencias bibliográficas es fundamental.

(3) "La Conclusión": Es el cierre del texto y lo más frecuente es que
se incluya al final o última sección. Todo el trabajo de indagación
se apoya en los "resultados" por lo que éstos deben presentarse
con la mayor claridad posible. Las conclusiones constituyen las
respuestas encontradas al problema planteado en la introducción.
Lo adecuado sería proporcionar una explicación de lo que los
resultados "significan". Se pueden indicar los problemas que
quedan sin resolver y/o nuevas preguntas que pueden haber surgi-
do de la investigación.

Otras partes importantes del texto son: el título, el autor y nombre de la
institución, el resumen (*abstract*), las palabras claves, la bibliografía, el
índice y apéndice.

— **El título:** El título es la palabra o frase con que se da a conocer el
asunto o materia de la obra. Los títulos hacen las veces de nombre
de la producción y por lo tanto deben elegirse de tal forma que refle-
jen su contenido y/o la intención comunicativa. Por lo general se
considera que un buen título suele reunir las siguientes condiciones:
(a) Ser suficientemente explicativo del contenido. (b) Incluir los términos más relevantes que hagan referencia al objeto o tema de estudio.
(c) Ser relativamente breve. (d) Ser atractivo y llamativo. Es obvio
que el título es lo primero que se lee y, en ese sentido, un buen título debe definir el contenido del texto con el menor número de palabras posible y motivar su lectura. Su fin es introducir la materia y
resumir su contenido El "título general" de la Monografía es obligado y no se puede prescindir de él. Los "títulos de las partes" de
la Monografía orientan y facilitan la lectura de la misma.
Aprender a poner títulos, constituye una tarea que tiene mucho de
habilidad psicolingüística y artística y, si se plantea adecuadamente,
resulta sumamente atrayente y entretenida para los alumnos.

— **Autor/es:** Comprende el Nombre y Apellido del autor o autores que
han realizado la Monografía. También se indica la institución, Materia
o Asignatura con la cual están vinculados o donde se realiza.

- **Resumen:** Se suele solicitar que la Monografía incluya un breve Resumen o *Abstract*. Da una sinopsis de la Monografía y su redacción se realizará al final. Permite que los lectores comprendan rápidamente el contenido tratado. Suele incluir: el tema, la problemática y conjeturas, aspecto específico sometido a investigación, el alcance de la indagación realizada y las conclusiones. No deberá contener datos o consideraciones que no figuren en el texto ni detalles de interés secundario. Debe ser escrito pensando en su autonomía, se debe entender sin recurrir al resto de la información del trabajo.
  Desde el punto de vista educativo ayuda a los alumnos a examinar cuidadosamente los argumentos desarrollados en la Monografía y la pertinencia de las conclusiones a las que hayan llegado.
  El resumen o *abstract*, se coloca en la primera página antes de iniciar la Introducción. Este resumen es el mismo que se incluirá después en los volúmenes de los *Abstracts* de Monografias si la institución decide organizar una base de datos en la Biblioteca y/o en soporte electrónico.
- **Palabras clave:** Las palabras clave colocadas a continuación del resumen facilitan y hacen ágil la información, la identificación del texto y la categorización del mismo. Constituyen, junto con el Título y el Resumen , un excelente ejercicio para la síntesis.
- **Bibliografía:** Ningún trabajo científico está completo sin la bibliografía respectiva. Constituye la relación de libros, escritos y artículos utilizados y relacionados con la investigación. La disposición suele ser por orden alfabético de los apellidos de los autores. La manera de escribir la bibliográfica se indicó más arriba en el apartado "Documentación".
- **Índice:** El Índice de contenido recoge los títulos que encabezan las divisiones y subdivisiones de la obra. Se registra, el número de la página en el cual se encuentra. Se suele incluir un Índice de tablas o gráficos cuando los hay.
- **Apéndice:** Se incluye todo lo que se considera conveniente incluir en el cuerpo de la Monografía y que constituye un complemento o ilustración de su contenido. Es frecuente incluir como apéndices cuadros o tablas con datos cuantitativos; notas y citas excesivamente largas, documentos que sean fuentes importantes de estudio, terminología, tablas cronológicas, gráficos, mapas, diagramas, diseños, dibujos, croquis, bocetos, planos, fotografías e ilustraciones.

Presentación. No deja de tener su importancia en cuanto a que precisamente la forma es lo que da realce al contenido. Presentar el producto de nuestra actividad intelectual es similar a vestirlo; es como ponerle el ropaje necesario y adecuado para que resulte agradable y atractivo a nuestro interlocutor. Dos advertencias generales a tener en cuenta respecto a la presentación: que sea correcta y limpia y que se ajuste a las normas generales de confección de la Monografía. Las convenciones más en uso aconsejan:

- Utilizar procesador de texto.
- El tamaño del papel DIN A-4 .
- Que los márgenes en blanco sean uniformes.
- Que los espacios entre líneas sean dobles.
- Que sea clara la disposición de títulos general y de partes.
- Que la ortografía sea correcta.

La Exposición Oral. En algunas instituciones educativas del nivel medio la exposición o defensa oral de las evaluadas como mejores Monografías suele ser una práctica habitual y una excelente situación de aprendizaje y entrenamiento para prácticas similares que se darán luego en el nivel universitario.[8] La redacción y la exposición oral de la Monografía tienen de común que en ambas se trata de comunicar información científica sobre un tema particular acerca del cual se ha investigado. Sin embargo, mientras que para informar, en la primera utilizamos la escritura en la segunda nos valemos de la expresión oral. Los contenidos de la exposición oral han sido acordados, pensados y elaborados con anterioridad. La exposición oral constituye otra tarea problema que los alumnos deben resolver con éxito. La ayuda e intervención de los docentes será fundamental. Por lo general los alumnos disponen de quince a veinte minutos para comunicar a un tribunal y al público presente las ideas fundamentales de su trabajo monográfico. En ese lapso de tiempo no sólo tienen que informar sino que tienen que convencer y persuadir. De

---

8. La utilización de la Monografía como contenido escolar, en el nivel de la educación media y secundaria, exige que nada quede librado a la improvisación ni a la exclusiva responsabilidad de los alumnos y de las familias que ayuden. Los profesores deben indicar, enseñar y garantizar un nivel de instrucción básica para todos. Esto ocurre no sólo para la elaboración y redacción sino también para la exposición oral del trabajo realizado por escrito.

este modo la exposición oral se organiza en torno a dos ejes: (a) La información, las ideas y argumentos que se van a expresar. Se pone el énfasis en el aspecto conceptual del contenido de la Monografía. ¿Sobre qué expone? ¿Qué es lo que expone? (b) La exposición en sentido estricto o elocución. El énfasis está puesto en el procedimiento: ¿Cómo expone? Ambos aspectos aunque diferentes están íntimamente relacionados y se complementan. Luego de exponer de manera sintética el tema, la problemática y los motivos de la Monografía se promueve el intercambio de preguntas y respuestas.

Quienes exponen suelen utilizar un "Guión de Exposición" con soporte en papel, utilizando retroproyector o un medio electrónico (*Powerpoint*). Los aspectos más relevantes a ponderar en el proceso de exposición son:

- El uso del lenguaje como instrumento de comunicación. Implica una actividad de relación social, de contacto con los interlocutores. Es de suma importancia que el alumno muestre que expone para ellos quienes lo van a valorar. Para lograr esto el alumno debe entender y estar convencido de lo que dice. Resulta importante: Observar y buscar que los oyentes sigan la exposición. Atraer a la audiencia, mantener el contacto visual con los oyentes durante todo el tiempo. Se recomienda evitar la situación en la cual se expulsa un texto memorizado así como abstenerse de mirar el techo o el suelo mientras se expone.
- El predominio del lenguaje científico, con vocablos y expresiones propios de las disciplinas implicadas en el tema elegido.
- El uso de la expresión corporal y gestos adecuados en la comunicación. Dar muestras de que se es competente en el manejo del cuerpo y de los gestos en una situación de exposición científica.
- Emplear la vocalización como instrumento al servicio de la comunicación utilizando la voz idónea a la situación. Mostrar al menos una transición de la exposición "natural" o "silvestre" a la exposición "educada" que evidencia una aproximación al arte de la oratoria. Algunas de las reglas de la oratoria que auxilian en el éxito de la exposición son: subrayar, pronunciando con mayor intensidad, las palabras o enunciados que merecen ser destacados; el discurso expositivo debe tener la modulación adecuada a las intenciones comunicativas, saber bajar y subir el tono de la voz cuando corresponda. Es importante adquirir el arte de variar la velocidad del discurso según

la mayor o menor importancia de lo que dice; saber usar las pausas para destacar ideas y conceptos fundamentales.

Evaluación de la Monografía. Las Monografías pueden ser evaluadas sobre la base de ciertos Criterios que sirven de guía para apreciar la calidad de la producción. Se indican algunos criterios generales, válidos para cualquier Monografía con independencia de la temática sobre la cual trate.

- El tema está bien definido y la problemática ha sido formulada de manera clara y precisa. Pudo ser resuelto de forma eficaz en los límites marcados en el proyecto de trabajo y en el calendario de tareas.
- La elección del tema está bien justificada y la formulación de la problemática es novedosa; refleja el interés personal del alumno y además tiene relevancia social y comunitaria (escolar, social, etc.).
- Los datos recopilados y la información seleccionada han sido abundantes, pertinentes y relevantes para el estudio realizado.
- Los datos y la información obtenidos han sido analizados y evaluados sistemáticamente y con eficacia.
- En su conjunto, la exposición y razonamiento es pertinente al tema y la problemática de estudio. El texto es coherente y claro. Resulta de fácil lectura por la forma en que está organizado.
- La conclusión está formulada con claridad, es pertinente al tema, a la problemática y está justificada, habida cuenta de los datos aportados.
- La redacción contempla una organización adecuada a los propósitos científicos y comunicativos. Incluye Introducción-Desarrollo-Conclusiones. El título y los subtítulos son pertinentes y bien formulados. Las referencias bibliográficas son adecuadas. Incluye índice bien elaborado.
- La presentación, extensión y ortografía son adecuadas.

Se indican a continuación algunos aspectos básicos a ser evaluados en la Exposición Oral de la Monografía.[9]

---

9. Estos criterios son generales y al evaluar deben ser adecuados o contextualizados al nivel educativo de los alumnos y al proceso de enseñanza y aprendizaje escolar del cual el alumno participó de manera efectiva.

- La exposición del contenido de la Monografía. Recordar que el contenido ya ha sido redactado, expuesto por escrito y evaluado. Ahora el alumno tiene la oportunidad de exponer en forma oral lo que ya sabe. Permite constatar la implicancia del alumno en el trabajo monográfico. Los motivos por los cuales eligió la temática. Si la ha explorado en forma adecuada, si se ha informado y cómo organizó la información. se destacan: las ideas centrales (problemas planteados, respuestas a los mismos, etc.) y los problemas de elaboración de la Monografía (búsqueda de información, organización de la información, elaboración teórica de la misma, etc.).
- La organización de los contenidos de la exposición de manera coherente en el tiempo disponible. Se evidencia si el alumno preparó la exposición y se ajusta al tiempo acordado. El alumno dispone (y debe saberlo con anterioridad), de quince a veinte minutos para exponer, comunicar al tribunal y al público presente las ideas fundamentales de su trabajo. En ese lapso de tiempo no sólo tiene que informar sino que tiene que hacerlo de manera convincente.
- Si responde a las preguntas de manera adecuada y participa con facilidad del intercambio que se genera a continuación de la exposición.
- Si el lenguaje que utiliza es claro y preciso; con oraciones bien construidas. Si los vocablos y expresiones son propios de la disciplina o disciplinas implicadas en el tema y la bibliografía. Se suele permitir y alentar que algunas definiciones, objetivos o citas puedan ser leídas del texto escrito.
- Si expone para quienes lo van a valorar evitando la situación en la cual se expulsa un texto memorizado. Si logra atraer a la audiencia durante la mayor parte del tiempo.
- Si es competente en el manejo de su cuerpo y de los gestos en una situación de exposición científica.
- Si el discurso expositivo tiene la modulación adecuada a las intenciones comunicativas poniendo en evidencia una aproximación al arte de la oratoria.
- Si dispuso de recursos audiovisuales: fotos, dibujos, cuadros estadísticos, etc. y se utilizaron de manera adecuada durante la exposición.

Para finalizar debemos subrayar dos cuestiones que consideramos importante tener muy en cuenta:

- En primer lugar consideramos de suma importancia que los alumnos, en todos los niveles de la enseñanza, dispongan de la presente información: ¿Qué es lo que la institución entiende por Monografía? ¿Qué es lo que la institución espera que haga? ¿Cómo y en base a qué criterios va a ser evaluada su producción? Este conocimiento previo de las reglas del juego y de la evaluación son la moneda corriente de la democracia en la educación y constituyen una vitamina excelente para el intelecto, agudiza el ingenio e incrementa la autonomía social y moral.[10]
- Dejar debida constancia de que la Calificación, resultante de la Evaluación realizada a partir de los criterios que se detallaron, será determinada o bien por el Profesor de la Materia, o por un Tribunal de Profesores, según el caso. En ambas situaciones se deberá estar en condiciones de fundamentar dicha Calificación.

Observación final. Es conveniente recordar que se escribe para comunicar, para informar, para dar cuenta acerca de un saber, para promover el intercambio, el debate y, de ser necesario, la discusión. Se escribe para una comunidad específica y particular de lectores que participan de alguna manera en una cultura científica. Por todo ello, el proceso de la producción de la Monografía no queda completo sin la publicación y la divulgación. Publicar, en estas circunstancias, constituye una decisión institucional. Los medios electrónicos facilitan esta tarea y la hacen posible sin los costos que ocasionan las publicaciones en papel.

---

10. En experiencias que hemos realizado, docentes y alumnos accedían a un documento escrito con contenido similar al presente. Ese documento era leído y discutido con anterioridad a la realización de la Monografía.

Escritura y divulgación del texto científico

FÉLIX TEMPORETTI

(I)

Escritura y comunicación científicas

En la mayoría de los países occidentales la educación superior al nivel de postgrado ha crecido de manera significativa y se alienta para que continúe haciéndolo. La cantidad de Doctorados y Maestrías es cada vez mayor y la figura del docente-investigador se impone en la Universidad de la llamada Postmodernidad. Se acrecienta también la competencia feroz por ocupar puestos docentes y científicos. En consecuencia con ello la evaluación de la producción académica se ha transformado en una práctica habitual fomentada y alentada desde nuevos aparatos de control gestados en la década de los '90. La discusión acerca de los criterios e indicadores utilizados por los evaluadores ha comenzado a tomar impulso sabiendo que evaluar y medir la cantidad de las contribuciones científicas es mucho más simple y viable que ocuparse del contenido de las mismas. En este contexto la necesidad de escribir y publicar a toda costa para sobrevivir en este nuevo mundo académico da lugar a un exceso de producciones muchas veces de contenido reiterativo. Pero, como bien se sabe, lo que importa es la cantidad y no tanto una calidad casi imposible de apreciar. Este es un dato importante a la hora de dar cuenta del contexto dentro del cual se pretende escribir.

La experiencia indica que la escritura de un texto científico –ya se trate del clásico informe, del relato de experiencia o de un ensayo– es una tarea que requiere el tiempo necesario para permitir la elaboración de versiones sucesivas. A medida que se pasa de una versión a otra el texto va tomando la forma deseada acorde a la información con la cual se trabaja, al tipo de argumentación empleada, así como a las intenciones comunicativas del autor. En la actualidad el acceso a Internet y los procesadores de texto facilitan la interactividad, la intertextualidad y la modificación rápida del texto que se escribe.

Pero la escritura no sólo constituye un medio para la expresión del pensamiento sino también es un instrumento privilegiado para aclarar nuestras propias ideas y puntos de vista. En ese sentido pensamos con las palabras de nuestra lengua. Al escribir, leer y re-escribir podemos descubrir debilidades o problemas en los datos, argumentos, o conclusiones. Podemos percibir la necesidad de mejores pruebas y de experimentos adicionales, controlar determinadas variables y tener en cuenta aspectos claramente necesarios para que la argumentación sea convincente.

Además de que la escritura es una necesidad del pensamiento, constituye una condición básica para la divulgación del nuevo saber aportado por la investigación. Una investigación no puede considerarse completa hasta que no ha sido divulgada y dada a conocer. La producción científica constituye un empeño socialmente orientado que está siempre abierto a la discusión y a ulteriores comprobaciones por otros miembros de la comunidad investigadora y en esta naturaleza social de la ciencia la escritura tiene un papel preponderante.

La divulgación científica –al menos en nuestro mundo académico occidental– está orientada por pautas muy concretas que, se compartan o no, es necesario conocer y desentrañar para saber a que atenerse. Por nuestra parte estamos convencidos de que la escritura de un texto científico implica mucho más que el conocimiento minucioso y la aplicación detallada de las denominadas "Normas de Estilo o Pautas para la Redacción". Supone la toma de una serie de decisiones, con mayor o menor consciencia por parte de quien produce, sobre cuestiones del siguiente tenor:

- La modalidad de escritura adoptada en relación con el tipo de investigación que se realiza y con la cultura científica, más o menos demo-
  crática y diversa, de la Institución en la cual se trabaja y/o publica.[1]
- La manera de entender la relación existente y el tipo de vínculo que
  se establece entre el lenguaje (escritura científica) y el pensamiento (científico disciplinario).
- La función que ha de predominar en el texto: más informativa (unívo-
  ca), por lo general basada en certezas o, más comunicativa (dialógica) donde se acepta un cierto margen de duda abriéndose a la
  interpretación. Esta diferenciación en importantísima en el ámbito
  de las ciencias sociales y humanas.
- La manera de indicar en la producción escrita, las diferencias entre
  el pensamiento propio y el ajeno (intertextualidad) y las indicaciones proporcionadas (referencias bibliográficas) para la verificación
  y réplica de la información aportada.
- La determinación de la Lengua en la cual se escribe la producción
  científica, y la relación que se establece con esa lengua y la cultura
  de la cual ésta forma parte.

Sobre algunas de estas cuestiones nos vamos a ocupar a continuación no
tanto para dar soluciones, pautas o recetas sino más bien para indicar ciertos
problemas que nos inquietan, compartirlos y sugerir un debate más amplio.

En principio, conviene recordar que la escritura y comunicación científica, tal como hoy la conocemos, es un fenómeno relativamente nuevo. Los
Ensayos del francés Miguel Montaigne (1533-1592), cuya primera edición
fue fechada en 1580 y un poco después, hacia 1597, los *Ensayos* del inglés
Francis Bacon (1561-1626), pueden ser considerados los primeros textos
científicos a pesar de que algunos se hagan los distraídos o pretendan cata-
pultarlos al mundo de la "literatura". Estos nacieron como un estilo abierto de razonar, como una herramienta insustituible del trabajo intelectual,
como un medio de expresión asociado con todas las disciplinas del saber.

---

1. Recordemos, una vez más, que para algunas Academias Universitarias, Método e
Informe Científico hay uno sólo y existe, a disposición de todos los interesados, suficiente normativa elaborada y publicada para seguir los caminos correctos que garantizan el
éxito del hacer y de la escritura del saber científico.

Quienes lo utilizaron planearon sus propias opiniones, lejos de la pretensión de verdad irrefutable asociadas a la filosofía y a la religión de la época, dejando sentada su posición como una más entre todas las opiniones posibles. Las primeras revistas científicas recién aparecieron en el siglo XVII, y mucho más tarde, en el siglo XIX, se comenzó a escribir con el modelo del hoy ya clásico Informe: Introducción, Método, Resultados y Discusión. Este formato respondía a las preguntas básicas que el investigador debía contestar para estar seguro de que había procedido con corrección: ¿Qué problema se estudió? (Introducción) ¿Cómo se estudió dicho problema? (Método), ¿Cuáles fueron los resultados? (Resultados), ¿Qué significaban dichos resultados? (Discusión).

(II)

Intertextualidad, Citas y Referencias Bibliográficas

La ciencia con su saber y proceder constituye un instrumento en la mente del conocedor o del investigador. El pensamiento científico, que suele ser el de la disciplina, emerge del investigador quien piensa y escribe de esa manera porque lo intuye, lo desea y se le demanda, encontrando en la cultura que le tocó en suerte los instrumentos (conceptos, teorías, procedimientos, normas, tecnologías y demás) necesarios para hacerlo.

Una de las tareas básicas al inicio de cualquier investigación tiene que ver con el acceso a la información preexistente, disponible y al alcance, relacionada con el tema a indagar. El estudio reflexivo y crítico de los textos de autores principales constituye una fuente esencial del pensamiento disciplinario que será re-escrito o nuevamente escrito. Se trata de leer e interpretar el pensamiento de diversos autores para compartirlo o cuestionarlo, sostenerlo o refutarlo en parte o en su totalidad. Todo ello sabiendo que, a pesar del esfuerzo por atender a la objetividad que brinda lo escrito, el saber adquirido no dejará de ser, en el mejor de los casos, una muy buena Interpretación. Esto ocurre irremediablemente así al menos en las Ciencias Sociales y Humanas.

Disponer de información, poder acceder a fuentes idóneas y pertinentes sabiendo cómo hacerlo es un punto de partida básico y esencial para poder pensar y escribir en y desde la (s) disciplina (s) que nos interesa (n) y que conforman nuestro pensamiento e identidad profesional. De más está decir que la calidad de los profesores –calidad que no sólo depende de la información que poseen sino también de su disponibilidad para estar indagando y compartir–, la riqueza y variedad de las Bibliotecas disponibles, la posibilidad de acceso a información electrónica y otras fuentes irán conformando, en buena medida, las características, el tipo y variedad del pensamiento y lenguaje científicos disciplinarios a utilizar.

Ahora bien, la elaboración de un texto científico constituye en su esencia un trabajo de producción intertextual. El concepto "intertextualidad" fue propuesto por Julia Kristeva a partir de la interpretación de los escritos de Mijail Bajtín. Kristeva afirmó que "todo texto se construye como mosaico de citas, todo texto es absorción y transformación de otro texto" (Kristeva, J.,1978:190)[2]. De esta manera se refería a la existencia de discursos previos como pre-condición para el acto de significar. Los textos se imbrican de formas diversas dando como resultado un texto nuevo: el intertexto. El investigador en su calidad de productor de nuevos textos cuenta con el bagaje de las experiencias de los textos que previamente había abordado como lector. Textos de origen que están en el nuevo con toda la fuerza de su significación primigenia y a la vez resignificados.

La idea de intertextualidad, aplicada al texto científico, tiene una serie de consecuencias de las cuales vamos a destacar algunas:

(1) Ningún investigador puede producir un texto totalmente autónomo, un texto en el que no existieran vínculos con otros textos, con otras investigaciones. Los textos científicos se producen desde una necesaria y obligada vinculación con otros textos.

(2) El investigador, no es una entidad autónoma que reflexiona y crea desde sí mismo y desde la nada. Por el contrario, su producción constituye un cruce, una intersección discursiva que acontece en el seno de una cultura letrada, académica y científica con todos los matices ideológicos y políticos dados por las circunstancias institucionales e históricas. En ese contexto se recibe el conjunto de instrucciones

---

2. Kristeva, J. (1978) *Semiótica.* Fundamentos, Madrid.

textualizadas –orales, escritas, actuadas, ritualizadas–. En cada cultura académica científica –por lo general no la que se elige sino la que nos suele tocar en suerte– se aprehende para ir más allá de lo legado.

(3) Cuando esto último acontece –y vamos más allá de lo dado– tiene lugar la tan mentada originalidad o innovación en el trabajo realizado. En la interacción dialéctica entre la (nueva) lectura y la (nueva) escritura del conocimiento acumulado están las bases de una indagación que hará posible "ir más allá de la información recibida" (Bruner, 1973) dejando lugar para lo propio, lo singular, abriendo posibilidades a lo original cuando esto fuese posible. De este modo el investigador vuelca en su producción su capacidad e impronta personal. Cuando investigamos y escribimos compartimos ideas y respondemos a los argumentos de los otros. En el texto aparece –o debería aparecer– de forma clara y transparente la diferenciación entre lo propio y lo ajeno. Algunos sostienen que, de este modo, nos hacemos "sujetos de la investigación", acontecimiento no frecuente entre muchos escritores que se dicen expertos sobre la subjetividad.[3]

(4) Para atender a esta cuestión se recurre a "las citas y referencias bibliográficas" que no significan otra cosa que el reconocimiento, en el texto, de las fuentes o recursos de los cuales se ha obtenido la información, el argumento, el concepto o la idea. Los autores deben dejar marcas de manera precisa acerca de qué partes del artículo representan contribuciones propias (nuevas o re-interpretaciones) y cuáles corresponden a otros investigadores. Las referencias bibliográficas sirven para que el lector pueda localizar las fuentes necesarias y entender la teoría y métodos que orientan y dan sentido a la investigación. Además la indicación de las producciones consultadas suele constituir una fuente de datos muy importante, aportada por el escritor, para que el lector pueda cotejar y contrastar el uso que hace de los mismos y las interpretaciones que realiza. Las referencias bibliográficas ponen en juego la dimensión social

---

3. Esto que puede llegar a parecer algo "natural" y obvio en nuestro campo "psi" no lo es tal. Estamos casi acostumbrados a leer textos sobre el "sujeto", la "subjetividad" y la "subjetivación" escritos desde la alienación del discurso del otro; algunos construidos con la ingenuidad que suele dar la inexperiencia, textos torpes que suelen rozar el delito de plagio.

del texto al unir y mostrar como el conocimiento generado en la investigación se relaciona con el conocimiento citado en dichas referencias. De este modo también se pone de manifiesto el progreso que supone el nuevo trabajo para el conocimiento del tema. Por regla general, se recomienda mencionar trabajos que han sido publicados.

En definitiva, se reconstruye sobre el saber y los textos heredados tratando de evitar la mera repetición o el decir más de lo mismo. Una adecuada intertextualidad con las consiguientes referencias bibliográficas ayudará a trascender la mera copia y nos protegerá de las incomodidades en la convivencia a la que nos pueden conducir las sospechas de plagio. En esta búsqueda del (nuevo) saber, a partir del conocimiento escrito acumulado, es aconsejable tener en cuenta la advertencia que hace poco realizara Jerome Bruner: "En estos tiempos post-positivistas, tal vez "post-modernos", reconocemos demasiado bien que lo que "se conoce" ni es la verdad entregada por Dios ni es como si estuviera irrevocablemente escrito en el Libro de la Naturaleza. En este reparto el conocimiento siempre es putativamente revisable. Pero no se debe confundir la revisabilidad con un relativismo de libertad-para-todos, esa perspectiva de que puesto que *ninguna* teoría es la verdad fundacional, *todas* las teorías como todas las personas son iguales" (1997:79).

(III)

Comunicar con claridad y sencillez facilitando la interpretación

Tal como lo hemos dicho en forma reiterada, la actividad científica cristaliza y se comunica por medio del lenguaje ya sea que se investigue por medio del ensayo o buscando correlaciones, midiendo variables o realizando un experimento. También hemos advertido que el tipo de lenguaje, la modalidad a utilizar para estos menesteres, que muchos denominan "estilo", está en íntima relación con la cultura científica hegemónica en las instituciones en las cuales investigamos y/o pretendemos publicar. En efecto, son las Academias Universitarias o Corporaciones Científicas, grandes o pequeñas, nacionales o internacionales, las que nos recuerdan e indican, en un sutil manejo del poder, cómo debemos pensar, hacer y decir si prendemos que nuestra producción sea por ellos reconocida, acreditada, financiada y publicada. Por eso, puestos en la tarea de investigar y divulgar nuestra producción un primer paso es reconocer dónde estamos investigando y para qué lo hacemos. Identificar cuáles son las características principales de esa cultura científica en la cual estamos insertos, sus códigos para la escritura, sus conflictos, contradicciones y la disposición para aceptar cambios e innovaciones. Todo ello será de utilidad para integrarnos sin mayores dificultades, evitar desencuentros e imprevistos o sostener una participación crítica.

Más allá de estas cuestiones fundamentales existen otras que no lo son menos. Para lograr la elaboración y comunicación efectiva de ideas, argumentos y resultados de la investigación no se deben descuidar los siguiente aspectos:

En primer lugar, un trabajo científico resulta útil si es bien entendido y por lo tanto hay que tener alguna idea sobre quiénes serán los posibles lectores. Hay quienes, ex profeso o sin proponérselo explícitamente, escriben sólo para entendidos en el tema, sus colegas, utilizando la jerga disciplinaria que los identifica. Quienes así lo hacen suelen estar convencidos que el texto es más riguroso cuanto más expresiones y términos propios de la disciplina se utilizan en él. Entendemos que se debe exponer el tema, argumentar, hacer explícitas las ideas utilizando un vocabulario sencillo y directo. Aunque "términos y nomenclaturas" forman el núcleo del lenguaje científico, conviene utilizarlos con mesura y es conveniente no escatimar esfuerzos para hacer explícito el significado que se le otorgan a los mismos.[4] Los textos deben contener todos los datos que contribuyan a la comprensión y con ese fin, darán las explicaciones necesarias sobre el sentido de los símbolos y abreviaturas empleados.[5] De este modo la claridad debe ser cuidada para que puedan acceder a la información la mayor cantidad de personas con el menor número de dificultades. Pero la claridad del lenguaje depende no sólo de la adecuada explicitación del significado otorgado a los términos utilizados sino también de la correcta redacción y del domino que el investigador tenga del lenguaje. En este sentido el investigador debe conocer bien el Idioma que

---

4. Se denominan "términos" a las palabras o expresiones utilizadas para construir afirmaciones o enunciados científicos y "nomenclatura" al conjunto de las palabras técnicas de una ciencia o disciplina.
5. Esa es la finalidad esencial de las notas —al pie de página— y de las citas.

utiliza y con el cual escribe. Para quienes pensamos y soñamos en la "lengua de Cervantes" y pretendemos publicar en revistas extranjeras debemos saber que, en los tiempos que corren, el Inglés es considerado por muchos como la Lengua de la Revolución Científico Tecnológica. Pero sobre este aspecto, que en buena medida compromete aspectos de nuestra identidad, volveremos más adelante.

Por otro lado debemos tener presente que todo acto de comunicación, aún en el caso del discurso científico, produce en los lectores un efecto consciente o inconscientemente buscado. Lo que John Austin (1962) denominó la función perlocusionaria de los actos de habla. Creemos que vale la pena interpelarnos sobre los efectos que se pueden generar en los destinatarios con el texto científico elaborado. Destacados investigadores del lenguaje nos han enseñado que la monosemia, la universalidad, el uso de términos, la función referencial son características generales atribuidas tradicionalmente al lenguaje científico. Acorde con ello, la calificación o sentencia: "es científico" se reconoce como sinónimo de "es una certeza", "no se discute". Si bien es cierto que en el discurso de la Ciencia existen siempre elementos de univocidad –tal como lo concibe el modelo transmisivo de la comunicación– también pueden darse –y es esperable que así sea– elementos de respuesta y réplica –tal como ocurre en el modelo dialógico de intercambios–. Un análisis del entramado lingüístico en la producción científica de las ciencias sociales y humanas –entre ellas la Psicología– revela que la univocidad, la ausencia de polisemia, la denotación y el predominio de la función referencial, son ideales más que realidades lingüísticas. Si nos detenemos en el ensayo científico o en el informe narrativo típico de una investigación cualitativa, se constata que la retórica, empleada como instrumento de argumentación, la polisemia o la metáfora, se utilizan con suma frecuencia.

Ocurre que al encarar esta función comunicativa del texto se ponen en juego –y en evidencia– nuestra manera de entender la ciencia y el conocimiento científico: si se los concibe como mera copia de lo real, como una interpretación literal o como una lectura o interpretación diversa. Es aconsejable interrogarnos acerca de si el texto producido refleja una creencia ciega en una verdad revelada o si revela una imposición indiscutible dada por certezas. Para que la auténtica comunicación científica tenga lugar los lectores deben leer y escuchar con rigor y fidelidad lo que se dice pero lo que se dice no debería generar, necesariamente, en ellos una interpretación exclusiva. Es aconsejable dejar una margen para la duda recurriendo a estrategias psicolingüísticas para producirles ciertos titubeos que les permitan moverse en la búsqueda de significación. Conviene especificar limitaciones que apreciamos en el trabajo realizado; errores probables en los datos presentados, así como el alcance de las conclusiones y la aplicabilidad de los resultados obtenidos.

(IV)

La Lengua en que se escribe la producción científica*

Bregar y argumentar en favor de la existencia de una lengua franca internacional que sea un instrumento compartido de comunicación científica es una inquietud de muchos que últimamente aparece con insistencia pero cuyos orígenes son remotos. Desde el Renacimiento varias han sido las lenguas que han desempeñado de manera sucesiva el papel de idioma internacional de la ciencia: el latín, el italiano, el español y el francés, además del ruso en los tiempos del bloque comunista. Si bien durante el siglo XIX el francés fue la lengua del pensamiento riguroso y probado, en el siglo XX y en lo que ha transcurrido del siglo XXI el inglés y la cultura anglosajona de raigambre protestante han conseguido ese estatus. Durante la segunda mitad de siglo XX Estados Unidos se convirtió en el centro geográfico fundamental para la investigación científica y tecnológica. Se insiste en que estamos en la era de la Ciencia y la Tecnología y algunos indican con precisión el 11 de Septiembre de 1956 como la fecha oficial del nacimiento de la denominada Revolución Cognitiva Norteamericana que sentó las bases de una nueva perspectiva en casi todos los campos disciplinarios (Gardner, 1988:44).

Es verdad que el discurso científico se ha globalizado pero su globalización ha sido parcial y desigual, como ha ocurrido con otros bienes, instrumentos y procedimientos. Los que piensan, leen y escriben en inglés pueden

---

* Esta nota constituye una reflexión a partir de la participación de uno de nosotros en el Seminario "Ciencia, Tecnología y Lengua Española", organizado por la Fundación Española de Ciencia y Tecnología, y celebrado en Madrid los días 11 y 12 de diciembre de 2003.

contar con un público internacional, pero quienes hablamos y escribimos en otras lenguas, contamos con un acceso más restringido, a públicos más amplios, no sólo a las conferencias internacionales sino a la mayor parte de las revistas científicas contemporáneas más destacadas. En estos momentos el predominio del Inglés es evidente por donde se mire. Los Estados Unidos controlan los medios de difusión de los resultados de la investigación, sobre todo las revistas consideradas de "alto impacto"[6] y los bancos documentales más importantes. El acceso a estas publicaciones significa contar con poder para establecer las pautas y los criterios del debate intelectual de lo que es y no es científico, de lo que es o no es publicable, de lo que tiene o no tiene existencia o visibilidad en el mundo de la Ciencia. Este hecho obliga a los científicos de todo el mundo a publicar sus artículos en inglés si quieren ser conocidos y, sobre todo, reconocidos, figurar en las bases de datos y ser citados por otros colegas. Asimismo estas condiciones tienen que ver con la evaluación a la que se los somete. La calificación superior que se hace de las publicaciones en inglés se va generalizando y los Organismos Científicos y las Agencias "Nacionales" de Evaluación del mundo hispano parlante están contribuyendo a afirmar esa tendencia. El argumento es que en Inglés están los textos que aparecen en el *Science Citation Index* y en otros índices de citas internacionales. La mayoría de los investigadores prefieren publicar sus artículos en revistas cubiertas por las bases de datos del ISI donde se cree serán más visibles y tienen más posibilidad de ser citados, y así sucesivamente, como girando en un carrusel intentando ensartar la sortija.[7] Algunas revistas científicas que publican

---

6. El factor de impacto de una revista es un indicador bibliométrico que se calcula cada año mediante un cociente. El numerador es el número de citas recibidas durante dicho año por los documentos que se publicaron en dicha revista en los dos años inmediatamente anteriores El denominador es el número total de documentos citables publicados en esos dos años. Los factores de impacto se recogen en la sección "Journals per Category, Ranked by Impact Factor" que se publica en el *Journal of Citation Reports*.

7. El origen de los índices de citas está en una idea que tuvo Eugene Garfield, fundador del ISI (*Institute for Scientifie Information*) con sede en Filadelfia, para automatizar los procesos de indiciación de las revistas científicas. El ISI publica las bases de datos *Current Contents* además de sus conocidos índices de citas: el *Science Citation Index* (SCI) y *Social Sciences Citation Index* (SSCI). Estos índices proporcionan enlaces explícitos entre artículos que se citan mutuamente y ofrecen un informe anual de los balances de citas entre revistas científicas recogido en el *Journal of Citation Report*. Las revistas que aparecen en el SCI

en lenguas como el español, francés, italiano, portugués, aceptan al mismo tiempo publicar artículos en inglés pero la inversa prácticamente no se da.

Ante este predominio contundente y para algunos convincente del inglés, ¿Qué deben hacer quienes producen conocimiento científico pensando con otras lenguas? ¿Aceptar resignados esta hegemonía monolingüe o adoptar al menos por dignidad una posición crítica ante esta situación? En principio creemos que se deben denunciar como discriminatorios muchos de los criterios utilizados por las nuevas Agencias de Evaluación y Acreditación gestadas en el seno de las políticas neoliberales. Por citar un ejemplo, es tendenciosa y arbitraria la idea según la cual los artículos, basados en informes científicos, publicados en revistas reputadas o de alto impacto, tienen mayor valor que un libro. Los libros, como los ensayos, son desvalorizados como simples trabajos de difusión o divulgación. Esto muestra el desconocimiento de los evaluadores acerca de las formas en las que se realiza, produce y difunde la investigación sobre todo en las ciencias sociales y humanas, en las cuales el libro suelen ser el medio normal y más efectivo de presentar una investigación acabada y el ensayo una privilegiada forma para producir conocimiento nuevo.

Si bien reconocemos y apreciamos muchos aspectos y valores de la ciencia y cultura científica anglosajona, no estamos de acuerdo con la idea de un pensamiento, de un método y de una lengua únicos, predominantes y hegemónicos. Esta situación, por muchos conocida, hace que se alcen de forma continua voces contra los peligros que acechan a todas las demás lenguas que no sean la inglesa como es el caso del español que nos compete. Defendemos el derecho a escribir en la lengua con la cual se piensa.

Como se puede apreciar en un simple análisis, la cuestión de la lengua en la cual se produce conocimiento científico además de un asunto lingüístico, es también una cuestión económica, política, social y cultural. Después de muchos años de estudio e investigación acerca de las relaciones entre

---

deben cumplir algunos requisitos, entre los cuales se encuentran: aparición de los ejemplares a tiempo, resumen en inglés para los artículos escritos en español y pagar una cuota de suscripción anual de diez mil dólares. El incumplimiento de alguno de estos puntos, deja a una revista fuera de la base de datos. Las revistas que se incluyen en el SCI sólo representan el 4.7% de las revistas científicas que hay en el mundo. De acuerdo a un estudio realizado por Virginia Cano del *Queen Margaret College,* en Escocia, el 70% de las revistas latinoamericanas no están incluidas en algún índice.

pensamiento, lenguaje y cultura conocemos con mayor certeza que estos tres elementos, aunque diferenciados, se relacionan y conforman de manera recíproca. El lenguaje no es un instrumento neutro y constituye mucho más que una herramienta comunicativa de intercambio y divulgación de ideas. El lenguaje no sólo refleja el mundo externo y el pensamiento sino que, en sí mismo, representa una manera de pensar y de constituir mundos posibles. (Austin, 1962; Goodman, 1974; Bruner, 1986; Olson, 1994.) Sería saludable poder erradicar el monolingüismo de la ciencia. Científicos y académicos, tanto de aquí como de allá, del sur y del norte, tendríamos que leer más de una lengua. En estas circunstancias, disponerse a aprender una lengua extranjera requiere no sólo tiempo sino también la decisión de compartir una concepción amplia, plural, heterogénea e híbrida de la producción científica, de la vida en sociedad y de la participación cultural. Se trata de un ideal que genera resistencias y descalificaciones en los defensores del pensamiento único, la eficiencia neutra, la uniformidad alienante y la rentabilidad divina.[8] Es que, tal como insistía Francis Bacon ya en el siglo XVI: el conocimiento científico no sólo conduce a la sabiduría sino también al poder. Bacon estaba convencido de que la mejor ciencia era la que se institucionalizaba y permitía el control de los grupos de investigadores que la llevaban a cabo.

(V)

Pautas a tener en cuenta en las publicaciones científicas

Cuando se hace referencia al "estilo de escritura" se alude a la peculiar manera de escribir. Lo que se suele denominar "Libro de Estilo" constituye un conjunto de normas o instrucciones específicas que regulan los usos expresivos de un medio de comunicación científica. Dichas instrucciones,

---

8. Max Weber propuso la tesis, escrita entre 1904 y 1905, sobre la estrecha relación entre *La ética protestante y el espíritu del capitalismo*. En la versión calvinista de la reforma Protestante el éxito en los negocios es un signo de elección divina. La Iglesia Católica habría obstaculizado con escrúpulos morales el logro de ganancias mediante el comercio y el préstamo a interés.

por lo general de alcance internacional (ISO), responden a dos grandes intenciones básicas: (1) Facilitar el rápido tratamiento de los manuscritos desde el punto de vista de bibliotecarios y documentalistas. (2) Hacer más efectiva la comunicación científica al facilitar el entendimiento, propiciar el debate, la discusión y la refutación si fuera el caso. Por ejemplo, citar adecuadamente no es una cuestión "de forma", como algunos suelen decir, sino que refleja la importancia otorgada a mostrar el cuerpo de conocimientos sobre los cuales hemos basado nuestro trabajo y permitir que se pueda seguir el rastro cotejando las fuentes consultadas en la investigación. Un sistema estándar para citar estas referencias asegura localizar los conocimientos con facilidad.

Existen varios sistemas de referencias, siendo uno de los más utilizados el Sistema Harvard. Este sistema se desarrolló en USA y creció en popularidad durante los '50 y '60 especialmente en las ciencias físicas y naturales y más recientemente en las ciencias sociales. Por muchas décadas ha sido el sistema más utilizado en el ámbito internacional. Tiene la ventaja de ser flexible, simple, claro y fácil de utilizar tanto para los autores como para los lectores. Otros de los Estilos de escritura científica utilizados con frecuencia son: El "Estilo Vancouver" establecido por el Comité Internacional de Directores de Revistas Médicas (CIDRM). El "Estilo APA" utilizado por la Asociación Americana de Psicologia (American Psychological Association - APA). El "Estilo Chicago", *The Chicago Manual of Style* de la Universidad de Chicago. Todos ellos proporcionan indicaciones para la presentación de notas, bibliografía, citas y listas de referencias. Puntuación y tratamiento de ilustraciones, tablas, idiomas extranjeros, símbolos matemáticos, abreviaturas y demás. Se puede acceder a una rica información a través de cualquier buscador de Internet.

Investigaciones y algo más...

La investigación como construcción*

FÉLIX TEMPORETTI

Una premisa fundamental

Cuando, en ocasiones como esta, se trata de compartir y discutir resultados del trabajo científico, suele ser una práctica frecuente en el ámbito académico universitario, presentar "datos" de las investigaciones realizadas. En tales circunstancias se despliega la "empiria" con el buen propósito, según creo, de alentar su lectura y discusión así como la elaboración posterior de algún saber en torno a las consabidas cuestiones metodológicas y de interpretación del material recogido. Pues bien, esta demanda, desde el punto de vista en el cual me sitúo, resulta una tarea compleja que, al ser abordada, exige algunas aclaraciones y ciertas precisiones. En principio adhiero a la posición que considera que el conocimiento científico, al menos en la investigación psicológica a la cual circunscribo este análisis, resulta ser una "construcción" conducida por quien investiga. Esta construcción de conocimientos puede ser una tarea más o menos individual en compañía de otros o una empresa colectiva que acontece en un tiempo y lugar institucional, en una

---

* Trabajo elaborado a partir del texto de una ponencia presentada en el Seminario "Los mundos culturales de la Infancia. Aproximaciones interpretativas", Facultad de Psicología, Universidad Autónoma de Madrid, Junio, 2003.

cultura científica y académica local, atravesada por intereses ideológicos, políticos y personales, algunos de ellos –como bien se sabe– más o menos factibles de ser difundidos. Vista así la cuestión lo que prima en el campo de la investigación psicológica es una diversidad de enfoques y perspectivas. Al menos esa suele ser la norma en el mundo de las ciencias del hombre cuando estas se despliegan en un clima no dogmático.

Los "datos" mismos con los que operamos en la Psicología –a diferencia de lo que ocurre en las ciencias de la Naturaleza– suelen ser una elaboración reactiva en la que participan los propios sujetos investigados. Esto no debería de extrañarnos ya que los "objetos" de los que se ocupa la Psicología son intencionales, "objetos con mente" (Riviére, A. 1991) que, entre otras actividades, creen, imaginan, sienten y desean; y lo hacen en el particular contexto socio cultural, más o menos permisivo en el cual les toco nacer y crecer. Asimismo el investigador observa, toma constancia y da cuenta de los "datos" a partir de unos supuestos que, casi siempre, alimentan conjeturas a contrastar por medio de la experiencia. Es decir en nuestra disciplina, la realidad en la cual se basa una investigación no habla por sí misma y sólo se hace inteligible en orden a los interrogantes que se le formulan. Estos interrogantes abrevan en el marco teórico conceptual en el cual se participa. Estos supuestos explícitos e implícitos ordenan la mirada del observador y alientan las expectativas y el interés de los observados. De este modo se produce el recorte empírico. De esto se desprende que, al menos en este caso, conocimiento y datos no resultan de una mera constatación de algo que está ahí fuera, pre-establecido o pre-constituido. No surgen sólo de la observación o del registro objetivo de evidencias encontradas. Los datos con los cuales operamos resultan, casi siempre, de un encuentro construido. Más precisamente, resultan ser una co-construcción cuya dinámica se alimenta en la intersubjetividad en la cual destaca la lectura recíproca de intencionalidades y la anticipación de acciones posibles asociadas. Los datos "puros" o "desnudos" –al menos en el campo de los estudios psicológicos- constituyen una ficción positivista.

Esta premisa, que según algunos estudiosos es de validez para todo tipo de conocimiento, resulta ser transcendental para la investigación a la que haré referencia, la cual adoptó una orientación más sociocultural e interpretativa. Por lo tanto a la hora de compartir de manera inteligente datos y conocimientos aportados, –excepto que todos "comulguemos" de manera consciente en el mismo paradigma– es imprescindible hacer explícito conceptos, términos, instrumentos y mecanismos utilizados. Los datos están necesariamente arropados en esquemas conceptuales que, con frecuencia, es preciso desentrañar, más aún cuando éstos se acallan o se ocultan. Sólo si acordamos criterios y protocolos observacionales podemos establecer unas bases intersubjetivas válidas para acordar los tipos de descripciones empíricas (Follari, R. 2000).

Puntos de partida

La investigación a la que aludiré de aquí en más, y que sirve como referente empírico de buena parte de esta argumentación, se ocupó de estudiar "la transgresión verbal en grupos de niños y de niñas", cuyas edades oscilaron entre los 3 y los 13 años y que pertenecían a grupos socio económicos diferentes.[1] Un disparador importante en aquella investigación fue la búsqueda de una "unidad de análisis" que debía dar cuenta de manera precisa, de la dimensión psicológica del objeto de estudio incorporando al mismo tiempo la dimensión sociocultural. Una unidad de análisis que permitiera captar de manera global la interrelación entre pensamiento, intención y cultura. Dicho de otra manera: una unidad de análisis que hiciera posible el estudio del sujeto que desea, pretende y piensa en y con la trama simbólica de la cultura.[2]

El camino elegido fue el del lenguaje, la ruta marcada por Sigmund Freud –desde la clínica– y por Lev Vygotsky y Jerome Bruner –desde el campo

---

1. Temporetti, Félix (1995). Tesis Doctoral denominada *"El papel transgresor de la narrativa folclórica en la producción de placer y significados sexuales en los niños"*, dirigida por José Luis Linaza, Facultad de Psicología, Universidad Autónoma de Madrid. Una re-elaboración posterior de las ideas y argumentos principales se encuentran en el libro *"Eso no se dice"* (2004). Homo Sapiens, Rosario.

2. Jerome Bruner (1990) reivindicó el significado y los procesos de transacción que se dan en la construcción de significados como conceptos fundamentales de la psicología humana. Esta convicción se basó "... en dos argumentos relacionados entre sí. El primero es que, para comprender al hombre, es preciso comprender cómo sus experiencias y sus actos están modelados por sus estados intencionales; y el segundo es que la forma de esos estados intencionales sólo puede plasmarse mediante la participación en los sistemas simbólicos de la cultura." (Bruner, J. 1991:47).

de la educación y la cultura–. Según ellos el lenguaje es senda idónea y tránsito obligado para quienes pretendan hacer ciencia *de* y *con* seres humanos. Lenguaje que, en el proceso de comunicación, no sólo habilita el habla que expresa e informa sino también el silencio que escucha y reconoce. Lenguaje en tanto instrumento mediador y vehículo idóneo para la intersubjetividad y la negociación transada de significados. Lenguaje que no sólo exterioriza y hace público los estados intencionales de los individuos sino que también los modela en su misión de ponerlos al servicio de la cultura oficial (hegemónica) o popular (de rebelión) a las cuales sirve.

En esta ruta del lenguaje se puso interés en estudiar un tipo particular de palabras, aquellas que trastocan el orden establecido, las que escandalizan a la audiencia porque casi siempre se dicen para escandalizar. El uso de estas Malas Palabras tales como: contar chistes "verdes", relatar las historias de *Jaimito*, cantar canciones de burla, utilizar fórmulas o expresiones zarpadas, "guarras" o "de cochinadas", decir tacos, putear, insultar y demás constituía una práctica cultural cotidiana en los grupos de niños y niñas que se observaron.[3] Eran, y son, las Palabras Prohibidas, aquellas que no se deben decir pero que se dicen. En esta desobediencia radicó el interés de las mismas para el presente estudio. Se admitió que esta transgresión verbal, asistida por la cultura oral, pondría en un primer plano de observación a un sujeto que de manera intencionada desacata la prohibición: "¡Eso no se dice!".

Desde la perspectiva psicológica el enfoque se centró en analizar la "actuación verbal" de los niños, en su calidad de actores que utilizaban el lenguaje con una finalidad particular en un contexto preciso. Esta fue considerada como la unidad de análisis idónea para un objeto de estudio de naturaleza intersubjetiva y cultural.[4] Los términos: "narrativa" y "transgresión"

---

3. Se recogieron relatos e informaciones –datos primarios y secundarios– en las Comunidades Castellanas de España y en las regiones del Gran Buenos Aires y del Litoral argentino.

4. En las décadas de los '60 y '70 se hicieron esfuerzos por sintetizar los estudios sobre el pensamiento y la afectividad que no pasaron de ser intentos de integración teórica entre el psicoanálisis y la psicología genética bajo la hegemonía del estructuralismo; al decir de Hans Furth (1989), "(...) un esbozo para superar la disyunción vana entre el conocimiento y la emoción(...) al presentar la interacción ineludible entre la lógica (el conocimiento) y la sexualidad (el deseo)(...)" Puede consultarse también: Gouin Decarie, T (1962); Charles Odier (1968); Piaget, J. (1972); Pain, S. (1974); Ferreiro, E. Volnovich, J.C. (1984); Furth,

y, más precisamente, las acciones de "narrar" y "transgredir" resultaron ser los términos –o categorías– más adecuados para referir a la amplia variedad de formas verbales que se usaban, en prosa o en verso. De este modo, la Actuación Verbal Transgresora constituyó un punto de partida apropiado para el presente análisis.[5] Esta "actuación" destacó por estar: "mediada" por la narrativa, ser "intencional", sustentarse en la "intersubjetividad" y estar "situada" en el contexto institucional en el cual los sujetos convivían. Por "intersubjetividad" se entendio una actividad reflexiva por medio de la cual se reconoce la existencia de los estados mentales propios, de uno mismo y de los demás. Este concepto permitió identificar una actividad de introspección en los sujetos estudiados y un nivel de conciencia de los estados mentales propios y los atribuidos a los demás. Estos conceptos serán retomados cuando abordemos la problemática de la interpretación de los datos en el contexto de la investigación psicológica.[6]

Aunque las investigaciones científicas sobre el tema eran más bien escasas algunos pensadores de las ciencias sociales y humanas hicieron explícitas sus maneras de entender las "malas" palabras y sus interpretaciones acerca de las mismas. En la mayoría de los casos no existió un propósito

---

H. 1987. Hubo que esperar hasta las décadas de los '80 y el principio de los '90, con la consolidación de una epistemología constructivista, la hermeneútica y la orientación sociocultural en la psicología para que las relaciones entre pensamiento, deseo y cultura tomaran, según entiendo, una formulación científica diferente. En el terreno estricto de la Psicología tuvieron importancia significativa los textos de Jerome Bruner: *Realidad mental y mundos posibles* (1985) y *Actos de Significado* (1990) y de James Wertsch (1991) *Voces de la Mente*, por citar dos autores que colocaron a la Psicología en el meollo de las transformaciones desarrollada en las demás Ciencias Sociales (las crisis del positivismo, la aparición de una lingüística más pragmática, la consolidación de una antropología más interpretativa, etc.).

5. Si bien se diferenció la acción transgresora de los instrumentos utilizados para hacerla efectiva se asumió que ambos elementos estaban íntimamente relacionados y resultaba inapropiado considerarlos en forma aislada, es decir, los niños por un lado y los relatos por otro. Esta manera de concebir el objeto de estudio se aproxima al concepto de acción de John Searle, de "acción mediada" de James Wertsch, y al concepto de "significado" propuesto por Bruner y Vygotsky. Para más detalles ver: Vygotsky, L. (1934); Searle, J. (1984); Bruner, J. (1990); Wertsch, J. (1993).

6. El término "subjetivo" hace referencia a aquello que existe en la mente de una persona, es lo que, por oposición no es objetivo. Los datos subjetivos constituyen la materia prima con que opera una parte sustancial de la producción científica en la Psicología (Searle, J. 1997). La "subjetividad", en cambio, supone el reconocimiento de que lo que está en la mente, está en la mente (Olson, D.; 1994: 261).

específico de estudiarlas sino que estos pensadores reflexionaron sobre ellas cuando se las encontraron o, si se admite una expresión española más tradicional, cuando se toparon con ellas. A manera de introducción a la problemática se realizó una escueta revisión del tratamiento que estos enunciados habían merecido tanto por parte de algunos estudiosos del lenguaje como por otros interesados en el pensamiento y la organización del psiquismo en el período de la infancia. Se buscó, entre otras cosas, dar cuenta acerca de las características más importantes de esta narrativa, estudiar el uso que de ella hacían los niños y desentrañar las condiciones y mecanismos intervinientes en la adquisición y dominio de esta peculiar función psicológica y lingüística en los grupos que participaron en la investigación. Una primera apreciación mostró que la mayor parte de los enunciados aludían a contenidos de tipo sexual por lo cual nos interrogamos también acerca de su papel en el proceso de construcción de los significados sexuales.

Cuestión de métodos

Los elementos conceptuales y metodológicos, hegemónicos en la investigación psicológica, en los tiempos y lugares en los que se realizó esta indagación formaban parte, en su mayoría, de la tradición positivista. Como sabemos en la investigación científica clásica se proponen hipótesis y su validación resulta del contraste de sus consecuencias teóricas (deductivas) con las observaciones experimentales (método hipotético deductivo). Acorde con ello se recolectan datos para evaluar modelos, hipótesis o teorías preconcebidas. El propósito es explicar y, por extensión, predecir la relación entre o la sucesión invariante de objetos y acontecimientos. Se admite que la finalidad esencial de la investigación consiste en acceder al conocimiento de regularidades que funcionaran como leyes que, en el caso de la Psicología, son leyes del aprendizaje, leyes funcionales de la lógica de clases y agrupamientos, leyes computacionales y otras. El método y los procedimientos asociados tienen primacía como garantía de la calidad científica de la investigación y del conocimiento generado por la misma. Esto significa que se deben buscar los contextos donde el método puede ser aplicado y, si el objeto resiste el método, no tiene mucho sentido realizar la indagación. Asimismo, los fenómenos psicológicos, al igual que ocurre con los naturales, deben ser estudiados en forma "objetiva", con independencia de quien los estudia. Esta tradición investigadora ha dado cuantioso rédito y prestigio académico sobre todo en la denominada orientación individual de la Psicología.[7]

Ocurrió que en la investigación sobre la transgresión verbal infantil el camino elegido para transitar y producir conocimiento no fue exactamente ese. Por el contrario, se adoptó una aproximación más interpretativa y un modelo de indagación que se adecuó al carácter social, cultural, intencional e intersubjetivo del objeto de estudio.[8] Más que verificar hipótesis elaboradas a priori, la propuesta fue descubrir el fenómeno y comprenderlo en el contexto en el cual se presentaba. ¿Qué son estas malas palabras que utilizan los niños? ¿Cómo y cuándo se utilizan? ¿Para qué se utilizan? ¿Qué significados le atribuyen? Fueron algunos de los interrogantes formulados. La dialéctica entre experiencia, reflexión, conceptualización y elaboración de conjeturas constituyó el motor de la construcción. De este modo, por ejemplo, se pasó del término "malas palabras", próximo al sentido común, a la formulación "el papel transgresor de la narrativa folclórica". En lugar de diseñar un experimento en detalle, de manera fija y preestablecida, –estrategia metodológica válida para otros objetivos distintos a los que aquí se pretendían– el diseño fue flexible y se ajustó durante el proceso de investigación emergiendo a medida que la misma progresaba. Lo importante no era el método en sí mismo sino la rigurosidad metódica es decir, la coherencia interna, la explicitación de las teorías y supuestos y la contrastación empírica lograda. En síntesis, los rasgos específicos del enfoque evolucionaron a medida que se operaba, en este sentido la investigación devino una construcción.

---

7. Entre los proyectos que forman parte de esta orientación psicológica individual se destacan: las primeras psicologías de la Ilustración, la Psicofisiología y la Psicología Introspectiva de la Conciencia, algunos enfoques del Psicoanálisis, la Psicología de la Gestalt, el Conductismo, la Psicología Social Positivista, la Psicología Genética de Piaget y, más recientemente, el funcionalismo computacional.

8. Esta perspectiva adoptada en la investigación se asocia a los llamados "giro lingüístico" y "giro interpretativo", referencias importantes en las ciencias sociales, desde que el lenguaje dejó de ser concebido como un medio más o menos transparente para representar una realidad "objetiva" externa al mismo. Entonces, el foco se desplazó hacia los modos de producción, reproducción y transmisión de sentidos y significados. De este giro tan interpretativo y lingüístico, han sido responsables directos, entre otros autores John Austin, Ludwing Wittgenstein, Sigmund Freud, Lev Vygotsky, Jerome Bruner y Clifford Geertz.

Otra cuestión importante en la investigación consistió en generar las condiciones necesarias para que los niños se pudieran expresar. Sus opiniones, creencias y relatos fueron alentados, buscados y tenidos en cuenta. No sólo se los alentó a decir sino también a reflexionar sobre sus propios enunciados y producciones así como sobre las de otros. A partir de las consignas dadas, los niños narraron todo tipo de relatos de malas palabras, comentaron y reflexionaron. En la situación de entrevista negociaron significados, interpretaron y ensayaron explicaciones para entender y justificar este tipo de enunciados. La producción de significación no sólo se hizo desde la perspectiva y la teoría del investigador sino también desde la perspectiva y opiniones de los propios niños.[9] Por lo cual la entrevista –en su más estricta dimensión clínica–, el intercambio verbal, el diálogo y las preguntas se transformaron en instrumentos privilegiados para indagar, explorar, pedir explicaciones.

Asimismo, constituyó una situación privilegiada para dar cuenta de la intersubjetividad sustentada en la lectura de intenciones recíprocas. Las verbalizaciones de los sujetos en el contexto de prueba, la aprehensión de sus intenciones y la dinámica intersubjetiva transformada en instrumento para el análisis constituyeron piedras angulares en la investigación emprendida que otorgó a los datos subjetivos un papel importante en la elaboración de conocimiento psicológico. La intersubjetividad, aquello que Bruner incluyó en la agenda de *El próximo capítulo de la psicología* (1996:179) constituyó uno de los conceptos clave en la investigación. La intersubjetividad entendida como una de las herramientas básicas del quehacer psicológico. En tanto instrumento de indagación nos enfrentó a una realidad psicológica plural, heterogénea, diversa, compleja y, sobre todo, transaccional. Nuestros sujetos de estudio –y no podría ser de otra manera, salvo que les negásemos la condición de humanidad– tienen la propiedad central de ser mentales, es decir, intencionales e intencionados; capaces de "leer" la mente del otro, incluida la de los investigadores, y de actuar en consecuencia por

---

9. La situación de experimentación generada se caracterizó, según pudimos apreciar, por lo excepcional; no era algo frecuente que la Escuela, defensora y guardiana de las buenas palabras, autorizara y alentara a los alumnos decir las malas. Estoy persuadido que en esta inevitable condición de lo extraordinario abrevó la riqueza de la expresión y la asertividad de las consignas.

diversos motivos más o menos conscientes. Así entendida la intersubjetividad puso el lenguaje, más precisamente la interacción verbal, la comunicación, el intercambio de ideas, el contraste de puntos de vistas, el diálogo, en el centro de la investigación.

Una interpretación científica de la transgresión verbal debía incorporar algún nivel de la conciencia de los hablantes sobre sus propias creencias e intenciones. Esta modalidad de entrevista fue una de las maneras posibles –y privilegiadas– de acceder a ellas. Desde la filosofía de la mente John Searle (1984) sostuvo que la explicación de una acción tiene que tener el mismo contenido que estaba en la cabeza de la persona cuando realizaba la acción o cuando razonaba hacia su intención de realizarla. Decodificar y descubrir significados, escuchar, y conversar con los sujetos pasaron a ser procedimientos utilizados con la misma validez que los principios metodológicos que se utilizan en investigaciones que se inspiran en modelos más clásicos.[10] Dicho de otra manera, el tipo de explicación contempló y especificó los estados mentales de los sujetos infantiles tales como sus creencias, deseos e intenciones, los cuales funcionan causalmente en la producción de la transgresión verbal. Por lo cual, además de considerar la actuación narrativa en un contexto concreto se incorporaron en el análisis las interpretaciones que realizaban los propios sujetos sobre dicha actuación y sus contenidos.

Esta manera de tomar posición frente al objeto de estudio atravesó distintas fases de la investigación; así por ejemplo, en el análisis de los datos, los relatos fueron ordenados a partir de una serie de categorías que surgieron del cotejo de los textos recogidos en la situación experimental teniendo en cuenta el contexto de producción y las interpretaciones que los propios niños expresaron en las entrevistas. De este modo en cada unidad textual se diferenció: la "intencionalidad" puesta de manifiesto por

---

10. La coincidencia de la interpretación tanto de los investigadores, que la estudiaban, como de los investigados, que la realizaban, no significó identidad de interpretaciones, pero sí comunicabilidad entre la interpretación del que observaba el fenómeno y la interpretación del que lo realizaba y también semejanza interpretativa en cuanto al significado del contexto de acción, su propósito e intencionalidad. En este estudio la investigación cualitativa adquirió relevancia en el intento de obtener una comprensión profunda de los significados y definiciones de la transgresión verbal, su naturaleza, usos, y situaciones en las cuales se daba, tal como nos la presentaron los niños.

los narradores, la "forma genérica" adoptada –cuento, chiste, canción, verso, diálogo, anécdota, fórmula verbal, etc.– y las *voces* –vocablos y expresiones– utilizadas para tales fines.

La perspectiva evolutiva y el análisis genético –previstos en el diseño– se los consideró instrumentos esenciales en la descripción, análisis e interpretación de los datos. Se seleccionaron sujetos cuyas edades estaban comprendidas entre los seis y los trece años. Se realizaron algunas observaciones de campo en grupos de niños de tres y cinco años. Esta perspectiva evolutiva permitió la descripción de las características más relevantes de la transgresión verbal y sus cambios en función de la edad. Muchos aspectos de la transgresión verbal –en tanto función mental– adquirieron una nueva significación al rastrear en los grupos infantiles, sus tempranos inicios y las transiciones por las que pasaba el proceso de adquisición de lo que denominamos "competencia transgresora".

El análisis se enriqueció con el contraste y la comparación de datos provenientes de dos instituciones educativas correspondientes a sectores de población de situaciones socioeconómicas diferentes –sector con alto poder adquisitivo y sector con necesidades básicas insatisfechas–. Asimismo en cada una de estas instituciones se formaron grupos teniendo en cuenta las edades y el sexo de los sujetos. De esta manera en el análisis de las producciones se apreciaron semejanzas y diferencias según la situación sociocultural, la edad y/o el sexo de los narradores.

El contexto de prueba y una propuesta indecente

Diseñar y generar una situación para observar a niños y niñas transgredir con palabras resultó ser una tarea compleja y delicada. Había que intervenir con prudencia para no herir ningún tipo de susceptibilidades ya que el tema de estudio estaba moralmente afectado. Invitar a los niños a decir malas palabras era, en ese sentido, una propuesta indecente.

La transgresión destacó por ser una actividad grupal, producida, con mayor frecuencia, entre iguales, reunidos al amparo de una organización social. Desde el vamos se apreció la estrecha relación existente entre estos enunciados infantiles y la censura ejercida por los adultos. Dicha censura regulaba su expresión y uso constituyendo la otra cara de la transgresión verbal infantil, su par antitético, sin la cual perdía su sentido.[11] El lenguaje utilizado para transgredir era un lenguaje no oficial, grosero, de mal decir. En diversos estudios exploratorios se constató que los niños no estaban dispuestos a decir malas palabras en una situación experimental entre extraños y menos aún si estos eran adultos serios y formales. Para aprehender esta modalidad del discurso, en una situación experimental, había que atenuar los efectos censura y "ocultamiento" ligados a la manifestación pública de este tipo de enunciados. La magnitud de la transgresión verbal estudiada no era fácil de apreciar a simple vista ya que la mayor parte de ésta permanecía encubierta, ocultada a padres, educadores y estudiosos, constituyendo uno de los secretos mejor guardados de la infancia.[12] Habíamos podido comprobar que si las entrevistas eran en grupo y adquirían un matiz de charla informal y amigable coloquio, con un investigador distendido y con sentido del humor, la producción verbal y los saberes de los niños aumentaban tanto en cantidad como en calidad.[13] Por lo tanto los procedimientos utilizados se adecuaron a esta perspectiva.

La selección de las instituciones y de los sujetos, no podía depender de procedimientos estadísticos regidos por el azar sino que se debía seleccionar de manera intencional, tanto las instituciones como los sujetos que

---

11. En nuestra experiencia, el adulto siempre es vivenciado como crítico por los niños; se puede ser más o menos permisivo pero, el comportamiento de los niños queda condicionado por el poder censor que le atribuyen al adulto. La expresión "¡Eso no se dice!" constituye en nuestra cultura hispano parlante la forma más frecuente de verbalizar la prohibición.
12. Las expresiones "efecto censura" y "efecto ocultamiento" refieren a dos comportamientos típicos observados en los grupos infantiles en relación con el uso de la narrativa en su función transgresora. La fuerza transgresora de los textos quedaba condicionada por el mayor o menor clima de censura percibido por los niños en el contexto de producción. En muchas situaciones y, en íntima relación con el nivel de censura percibido, los niños ocultaban los relatos y expresiones que circulan de boca en boca, de manera secreta. Los maestros, directivos y educadores de las instituciones tenían un alto grado de desconocimiento de las capacidades transgresoras de sus educandos así como de algunos de los objetivos y finalidades de los agrupamientos infantiles. Asimismo se estudiaron las creencias de los educadores sobre la transgresión verbal y su papel en la educación.
13. En un estudio realizado William Labov (1972), se planteó un problema similar al aquí comentado. Un investigador blanco entrevistó a un niño negro de 8 años, con la finalidad de establecer su competencia lingüística. El entrevistador ponía objetos sobre la mesa y formulaba interrogantes del siguiente tipo: "Dime todo lo que puedas sobre esto". El niño respondía con palabras aisladas o expresiones cortas. En otra ocasión en que el entrevistador

podían proporcionar los datos sobre lo que se pretendía estudiar. El concepto de "muestra teórica", propuesto por Glaser y Strauss (1967), se transformó en otro referente obligado. De este modo se recogieron los datos directamente relacionados con los intereses investigativos. El escenario fue aquel en el cual el observador tuvo fácil acceso y estableció una relación cordial con niños, educadores y directivos. Como se indicó más arriba, al trabajar en dos escenarios diferentes de manera simultánea, fue posible examinar, comparar y contrastar si los descubrimientos de uno se producían en el otro, y en qué medida.[14]

Interdisciplina, ¿cuál, cómo y con quién?

Esta investigación nos condujo a ir más allá de la Psicología. Con la Psicología Individual –más preocupada por explicar el funcionamiento mental desde adentro o la idea de que el límite de lo psicológico estaba en la piel– no era posible dar cuenta de la transgresión verbal y su significado en la vida psicológica y social de los niños.[15] Es por ello que se impuso una perspectiva necesariamente interdisciplinaria que atravesó el objeto de estudio. Se utilizaron conceptos provenientes de campos disciplinarios afines

---

era de raza negra y el tema se refería a peleas callejeras, el niño seguía dando respuestas cortas. Hasta que un día el entrevistador llevó papas fritas, hizo entrar al mejor amigo del niño entrevistado, se sentó en el suelo e inicio la conversación sobre temas tabú; los niños no sólo abandonaron el sistema de respuestas cortas sino que empezaron a competir activamente tratando de llevar la voz cantante.

14. Se seleccionaron dos instituciones educativas, una pública, estatal, con niños pertenecientes a un sector social con necesidades básicas insatisfechas y otra de gestión privada con niños pertenecientes a sectores de la denominada clase media y media alta.

15. Esta cuestión no resultó una tarea sencilla, entre otras razones porque en la cultura psicológica en la cual me había formado, el campo de lo psíquico estaba delimitado por la piel. El énfasis se ponía en sondear preferentemente en las estructuras y mecanismos de la conciencia, de la inteligencia, de la cognición o del inconsciente y, en este empeño se habían invertido años de esfuerzos; no resultó tarea fácil zafar del peso de la tradición. Zafar de la tradición académica hegemónica implica un cambio, una ruptura conceptual y de formas de mirar el estudio de lo humano. Pero constituye, además, una situación afectiva conflictiva ligada al abandono de referencias y, con suma frecuencia, a la pérdida de amistades y a la aparición de nuevos contrincantes. Estas crisis y situaciones de conflicto son inherentes a la vida en las instituciones.

tales como: la Lingüística, la Teoría Literaria, la Historia de la Cultura y las Ciencias del Folklore. Este abordaje interdisciplinario no pretendió, "(...) desdibujar los límites entre la Psicología y las Ciencias Sociales, sino crear algún tipo de unidad de análisis que pudiera ser compartida por un amplio espectro de conocimientos" (Ramirez, J.; en Wertsch J.; 1993:11). La "Actuación Narrativa Situada" resultó ser un rico y complejo objeto, un punto de encuentro donde se entrecruzaban, a modo de trama, la intención, el deseo y los recursos cognitivos y sociales de los narradores con la narrativa –con su variedad genérica–, provistos por la cultura oral y folclórica que predominaba en los contextos institucionales en los cuales crecían y eran educados.

Se hicieron esfuerzos para sortear el individualismo metodológico pero al mismo tiempo se tomaron recaudos para no caer en un enfoque predominantemente antropológico, lingüístico o sociolingüístico. La precaución era doble: evitar el psicologismo de explicarlo todo por el mundo interno pero también el reduccionismo social de explicar los fenómenos estudiados sólo a partir de fuerzas sociales o culturales.

CAPÍTULO 7

La construcción narrativa y su relación con la producción científica en la Psicología*

FÉLIX TEMPORETTI

La problemática de la narrativa en el contexto de la psicología científica

El asunto al cual voy a referirme puede ser enunciado de la siguiente manera: Pretendo reflexionar en torno a la problemática de la narración, en tanto una forma de pensar, una estructura para organizar el conocimiento y un vehículo en el proceso de educación y formación científica. Este análisis se hará a la luz de los conocimientos actuales que surgen de diversas disciplinas tales como la Filosofía, la Teoría Literaria, la Lingüística, la Antropología Cultural y, de manera muy particular, de la Psicología.

Hablar de la naturaleza de la narrativa, de su valor en la construcción de conocimiento y de su legitimidad académica no resulta una tarea fácil, entre otras cuestiones, por la fama que tiene este concepto en el ámbito científico. Narración, evidentemente suena a historia, a verso, a poesía. Es

---

* Texto re-elaborado en base a la conferencia pronunciada en el Consejo de Investigaciones de la Universidad Nacional de Rosario (CIUNR) el día 8 noviembre de 2002 con el título "La construcción narrativa y su relación con la construcción científica. Una problemática actual en la creación de conocimiento. Su ejemplificación en la Psicología".

conocido que para el común de la gente y para muchos cientistas –aunque en saludable disminución– el discurso de "las humanidades" tiene mucho de "cuento" en el sentido peyorativo de poco creíble, suena a ficción, a palabrería. Los psicólogos y pedagogos, entre otros, solemos tener fama de "guitarreros", expresión utilizada a veces en nuestro medio para descalificar a este tipo de saber literario e histórico. Creo que en tal fama ha existido una responsabilidad compartida. Por un lado los psicólogos, por ejemplo, hemos divagado respecto a cuál es el objeto de estudio de nuestra disciplina y cuáles los métodos más idóneos para aprehenderlo. Con suma frecuencia en el discurso académico, antes de comenzar hay que especificar "desde dónde se habla", es decir, según el marco teórico y acorde a la teoría de referencia, el objeto de estudio de la psicología cambia. En semejante situación suele resultar difícil apreciar de qué se está hablando. Creo que en este sentido, los que hacemos de lo "psi" un componente importante de nuestro trabajo, deberíamos hacer dos pasos hacia atrás y, sin perder la calma, encarar un análisis más profundo y sincero de esta crisis prolongada y tan anunciada de la Psicología. Por otro lado, "en el nombre del método" que tantos éxitos ha cosechado en los estudios sobre la naturaleza, la ideología positivista y la cruzada objetivista del conductismo y sus sucedáneos cognitivistas han hecho lo suyo. No hace mucho Jerome Bruner (1997) señaló las reglas básicas que los humanistas debían cumplir –según los positivistas– si pretendían que sus prácticas fuesen reconocidas como científicas.[1] Entre algunas de ellas indicó: no pronunciar proposiciones que no sean factibles de verificación ni tratar una mera historia como causa. El relato, según tales mandamientos, no es un objeto digno de estudio ni un procedimiento adecuado para generar conocimiento científico. Excepto que pueda ser reducido a proposiciones o variables comprobables y susceptibles de ser controladas y medidas. Los positivistas se han ocupado de mostrar que la subjetividad, el lenguaje natural, el discurso narrativo y por ende la intencionalidad humana se alojan mejor en los dominios del arte, la literatura, el saber popular y la ficción. Para el bien de todos, resultaba mejor que allí permanecieran, distantes de la "ciencia verdadera" pero dispuestos y disponibles a enriquecer el acervo cultural y a cultivar la mente de todos.

---

1. BRUNER, Jerome (1997), *La educación, puerta de la cultura,* Visor, Madrid.

No obstante lo expresado, el interés científico por la narrativa y la interpretación son cuestiones de vigente actualidad constituyendo, según se dice, uno de los frutos más destacados de la postmodernidad aunque las raíces de la problemática son, según creo, de larga data. En el momento mismo en que numerosos pensadores europeos proyectaban hacer de la Psicología una disciplina científica surgió el debate y la disyuntiva si ésta era una ciencia natural o una disciplina cultural e histórica; si sólo debía ocuparse de explicar la acción humana a través del método experimental o si la interpretación —o comprensión tal como la entendía Wilheim Dilthey— podía aportar entendimiento; si era suficiente con una psicología centrada en el individuo, en la mente individual, o si también era posible y necesaria, junto a la primera, una psicología social, más culturalmente orientada. Hace más de un siglo —entre 1860 y 1900, por dar cifras redondas— estas eran las cuestiones básicas en el debate. Hacer que la Psicología tomara distancia de la especulación filosófica y metafísica fue el acuerdo alcanzado por la mayoría. La cuestión era el cómo hacerlo y a qué precio.[2] Materialistas, idealistas, pragmáticos y positivistas en Europa y en América —más en la del Norte que

---

2. Ubico la fecha del nacimiento de la psicología científica entre 1860-1900 teniendo en cuenta los siguientes hechos significativos. En el contexto de la cultura alemana de la segunda mitad del Siglo XIX, en 1858, Hajim Steinthal (1823-1899), publicó un libro sobre el origen del lenguaje explicando la influencia del mismo en el desarrollo mental del hombre y en la formación de representaciones. Sostenía que este desarrollo estaba guiado por las leyes de la psicología individual y la *Völkerpsychologie*. En 1860, Moritz Lazarus (1824-1903), se convirtió en profesor de *Völkerpsychologie* en Berna, la primera cátedra de psicología del mundo. Ese mismo año se publican una serie de obras que orientan la psicología hacia lo psico-físico y psico-fisiológico tales como *Elementos de Psicofísica* de Fechner. Helmholtz había enfocado a la Psicología por el camino de la fisiología de los sentidos e igual camino emprendía Sechenov en *Reflejos del cerebro*. Mientras tanto Charles Darwin acaba de publicar *El origen de las especies* obra de relevancia trascendente en el estudio científico de la mente humana. Por esa misma época —hacia 1863— Wundt rechazó las meras especulaciones filosóficas sobre la mente y consideró a la Psicología dentro de las Ciencias de la Naturaleza pero con posterioridad —hacia 1890— terminó afirmando que la *Völkerpsychologie* y la Psicología experimental constituyen las dos ramas principales de la psicología. En su versión más oficiosa, la historia oficial de la Psicología sitúa su nacimiento en 1872, cuando Wundt inaugura el primer laboratorio de psicología experimental del mundo. Aunque William James (1842-1910) no figura como uno de los padres de la Psicología Moderna al menos estuvo presente cuando se la fundaba. Entre 1874-76 fundó en Harvard la enseñanza de la Psicología Experimental indisolublemente ligada a la experimentación y un ámbito de prueba: el laboratorio.

en la del Sur– discutieron, cuestionaron y elaboraron el mejor Proyecto para una Psicología "verdaderamente" Científica. Estos proyectos fueron varios. Desde distintas tradiciones filosóficas, epistemológicas y culturales, desde diversos contextos geo-políticos e ideológicos, se discutieron y precisaron las condiciones para producir conocimientos psicológicos acordes al espíritu científico dominante. El propio Wilheim Wundt (1832-1920), considerado en la historia oficial uno de los padres de la nueva disciplina, admitió la legitimidad de una psicología experimental dedicada a la explicación de procesos psicológicos de base fisiológica pero adujo que estos procesos no daban cuenta de la amplia variedad y la enorme riqueza de la experiencia humana, producto de entornos culturales e históricos particulares, imposibles de capturar dentro de los flamantes laboratorios de psicología experimental que los norteamericanos de entonces –más que los psicólogos europeos– diseminaron por los EEUU. No obstante el debate acalorado, las Ciencias Sociales y Humanas estaban a la defensiva ante el positivismo anti-ilusionista de finales del siglo XIX. La Psicología quedó atrapada entre los partidarios de ver lo psicológico sólo a partir del individuo, en su íntima relación con mecanismos y procesos biológicos y neurofisiológicos. Admitiendo o desechando entidades mentales reconocieron que la observación, la experimentación, el registro y la medición eran los caminos idóneos para construir conocimientos psicológicos científicos. Por otro lado, estaban quienes defendían la idea según la cual era posible capturar el funcionamiento de la mente, no sólo a partir de las raíces individuales y biológicas, sino también de los instrumentos que ésta utilizaba y que eran provistos por la cultura.[3] El debate, por lo tanto, no sólo se ocupó de la cuestión de los procedimientos adecuados para producir conocimientos sino que también discurrió sobre la naturaleza del objeto de estudio a lo cual lo metodológico estuvo –y sigue estando– estrechamente relacionado. El espíritu y las reglas del positivismo aconsejaban que el objeto debía ser permeable al método y no debía oponerle resistencia alguna. Si el objeto se resistía había que cuestionar el interés científico de la temática a estudiar y censurar las

---

3. Esta tradición se extiende hasta Giovanni Battista Vico (1668-1744). Nacido en Nápoles. Su obra más famosa y más elaborada es la *Ciencia Nueva,* cuyo título completo es *Principios de una ciencia nueva en torno a la naturaleza común de las naciones* (1725). Se situó a la cabeza del movimiento contra ilustración.

expresiones que hicieran referencia al mismo, tal como lo hiciera Pavlov al prohibir a sus investigadores la utilización de términos mentalistas.

Este apasionante debate decimonónico sobre el objeto de estudio de la Psicología, su naturaleza y el método, acallado y distorsionado en la historia oficial, resurge en distintos momentos y adquiere vigencia en la actualidad bajo otro "ropaje" conceptual ("el mismo perro con diferente collar" o, si se prefiere, "vino viejo en odres nuevas"), pero sin alcanzar una solución satisfactoria ya que la propuesta "científica" sigue siendo deshacerse de todo lo que huela a subjetividad. Tres han sido los momentos históricos que considero trascendentes en esta problemática crucial. El primero hacia el final de siglo XIX, bajo la hegemonía de las culturas alemana y francesa, cuando surgieron los diversos proyectos de una Psicología Científica liderados por Wilheim Wundt y Sigmund Freud. El segundo en las décadas del '20 y '30, en Rusia, bajo el impulso de Lev S. Vygotsky y el *Proyecto de una Psicología Socio Histórica*, de inspiración marxista, abrevado en la Revolución de 1917, y en EEUU con el Pragmatismo de John Dewey y George Mead como dos de sus principales exponentes. El tercero y más reciente surge en las décadas de los '80 y '90, en EEUU, con el impulso de Jerome Bruner –entre otros– y el *Proyecto de una Psicología Cultural* cuyas bases quedaron esbozadas en la denominada Revolución Cognitiva de 1956, gestada durante la llamada Guerra Fría. En este contexto histórico, científico y cultural, que se extiende desde 1860 hasta la actualidad, y en el cual transcurre la breve pero rica historia de la Psicología, es donde pretendo encuadrar el análisis de la narrativa y su vinculación con la cuestión del saber y del conocimiento científico. Más allá de que es recién a partir de finales de los '70 y en las décadas de los '80 y '90 del siglo XX cuando la narración propiamente dicha aparece explicitada y se habla de una teoría sobre el relato dentro del denominado "giro narrativo".

El giro narrativo de los '80: Paul Ricoeur, Fredric Jameson y Jerome Bruner

La investigación narrativa, en el contexto de la Ciencias Sociales, se sustentó en los denominados "giro lingüístico" y "giro narrativo" producido hacia los años '70, de manera especial en la filosofía, la lingüística, la

sociología y la antropología[4]. Se produjo un viraje desde el modelo hege-
mónico de las ciencias naturales hacia la hermenéutica y la semiótica. Se
hizo hincapié no sólo en el origen discursivo de las identidades y de la subjetividad sino también en su origen narrativo. Con posterioridad, hacia los
años '80, estas nuevas perspectivas se introdujeron en la psicología donde,
además, se consolidó una perspectiva más semiótica, más social y más cultural en la interpretación de la mente. La indagación puso énfasis en los significados que, los sujetos, en su calidad de seres intencionales y actores
sociales, transan, negocian, construyen y se apropian. El discurso, la comunicación y la intersubjetividad pasaron a ocupar un lugar destacado en la
indagación. El pensamiento se ligó a la acción y ambos a la intencionalidad y al deseo de los agentes. Los fenómenos sociales y las acciones humanas se apreciaron como "textos" cuyo valor y significado, dependía, en
primer lugar, de la autointerpretación de los propios narradores. La subjetividad –aquello que sólo el psicoanálisis freudiano había colocado en un
primer plano y que desde la perspectiva positivista debía quedar fuera de
la escena o acotado a variables factibles de ser observadas, de posible registro y medición– se constituyó en una condición necesaria del conocimiento psicológico y social. En esta nueva cultura científica destacaron –según
mi punto de vista– los innovadores trabajos, producidos durante los '80,
por el filósofo y pensador francés Paul Ricoeur (1983), el lingüista y crítico de la cultura norteamericana Frederic Jameson (1981, 1984), y el psicólogo Jerome Bruner (1985), también de origen norteamericano.[5] Ahora bien,
estas perspectivas postmodernas confluyen y se enriquecen de manera recíproca con la obra abierta por Sigmund Freud y el psicoanálisis en los

---

4. En la antropología, a partir de la concepción de cultura como texto y de la antropología cultural como una disciplina interpretativa introducida por Cliford Geertz (1973) se
adoptó el enfoque narrativo. La etnografía tomó un estatuto narrativo, haciendo de los
antropólogos, en cierta manera, narradores de historias, dado que su tarea se concibe como
un modo de "leer" la cultura, entendida como texto.
5. Los textos a los que se hacen referencia son: JAMESON, Fredric (1981) *Documentos
de cultura, documentos de barbarie: La narrativa como acto socialmente simbólico.* Visor,
Madrid, 1989. JAMESON, Fredric (1984) *El posmodernismo o la lógica cultural del capitalismo avanzado.* Paidos, Barcelona, 1991. RICOEUR, Paul. (1984). *Tiempo y narración:
Vol. I.* Siglo XXI, México, 1995. BRUNER, Jerome (1986). *Realidad mental, mundos
posibles.* Gedisa, Barcelona, 1988.

comienzos del siglo XX.[6] De este modo, un cúmulo de argumentos y evidencias, provenientes de distintos campos disciplinarios, indican que la forma más natural y más temprana en que organizamos nuestra experiencia y nuestro conocimiento adopta la forma de una narración. El problema está en precisar si este saber narrativo tiene categoría científica; en qué medida hace posible y/o contribuye a la comprensión, dominio y transformación de la realidad humana, campo específico dentro del cual la psicología construye su saber.

Para Ricoeur (1984) la narrativa es uno de los esquemas cognoscitivos más importantes con que cuentan los seres humanos, dado que permite la comprensión del mundo que nos rodea de manera tal que las acciones humanas se entrelazan de acuerdo a su efecto en la consecución de metas y deseos. Su filosofía puede ser caracterizada por una filosofía de la acción o, dicho de otro modo, la teoría de la narración desemboca en una teoría de la acción humana. Para que la acción sea inteligible ha de ser narrada y se hace histórica no sólo porque se despliega en el tiempo sino porque se inscribe esa temporalidad en la red del lenguaje, en un contexto institucional. La acción significativa es un texto a interpretar y la narración (el acto de contar) es la manifestación, el esclarecimiento, la objetivación de algunos eventos y elementos seleccionados del encadenamiento que conforma nuestra propia historia. Pero la identidad que se adquiere por la narración está sujeta a sospecha. De esto dieron cuenta Nietzsche y Sartre cuando afirmaron que presentar la vida en forma de narración es siempre una manera de falsearla ya que al narrar se impone un orden a los acontecimientos que no tenían en el momento de ser vividos. Vivir y narrar se diferencian aunque toda vida humana se despliega en una narración sin la cual no tiene sentido.

Ricoeur distingue dos modalidades en el acto de narrar: (a) los relatos que tienen pretensión de verdad, comparables a los discursos descriptivos que utiliza la ciencia, la biografía y la autobiografía; y (b) los relatos de ficción, tales como la epopeya, el drama, el cuento, la novela o el cine, entre

---

6. La importancia actual asignada a los estudios sobre la narrativa encuentra en la Psicología una tradición que antecede al pensamiento de Ricoeur, Derrida o Foucault. Esta tradición más interpretativa, estuvo íntimamente relacionada con el Psicoanálisis aunque Freud estaba más interesado por las pulsiones internas y las vicisitudes del drama en el discurso del inconsciente que por la realidad externa y las potencialidades de la conciencia de los sujetos que narran.

otros. En ambos casos la operación de narrar, puede definirse como una síntesis de elementos heterogéneos, de múltiples eventos e incidentes en un relato completo y singular. El concepto central en su teoría narrativa, como en la Poética de Aristóteles, es el concepto de "trama" o "fábula". Con este término identifica a las operaciones: combinaciones, composiciones y ensambles mediante los cuales los acontecimientos se convierten en una historia. La narración no es una simple enumeración en un orden serial y sucesivo de los acontecimientos sino una estructuración que transforma esos incidentes y acontecimientos en un todo inteligible. La trama, unidad narrativa de base, media entre los acontecimientos y la historia. Se puede lograr una comprensión de esta composición por medio del acto de seguir una historia.

Otro aporte significativo de Ricoeur al tema de la narrativa es su tesis acerca de la reciprocidad entre temporalidad y narratividad. El carácter temporal es lo que hay de común en toda la experiencia humana. Todo lo que se desarrolla en el tiempo puede narrarse y todo lo que se narra sucede en el tiempo. Tenemos una doble experiencia del tiempo: (a) Por nuestro cuerpo nos sentimos formando parte de un "tiempo cosmológico", un tiempo pautado por instantes sucesivos e iguales que pasan uno detrás del otro. (b) Además tenemos una experiencia íntima –fenomenológica– del tiempo, un "tiempo vivido", que transcurre entre el nacimiento y la muerte, con un presente, un pasado y un futuro. (c) Entre el tiempo físico y el tiempo vivido se articula un tercer tiempo el "tiempo humano" o tiempo del calendario, una creación del lenguaje, un tiempo social contruído en la cultura local e institucional. De este modo la narración articula el tiempo cósmico y el tiempo fenomenológico.

Desde otro ángulo, la perspectiva de Frederic Jameson –quizá el más representativo de los críticos literarios norteamericanos de orientación marxista– resulta de sumo interés en la argumentación que aquí pretendo desarrollar. Al igual que Ricoeur, Jameson advirtió que la narrativa es una categoría epistemológica tradicionalmente confundida con una forma literaria. Algo interesante en su análisis ha sido ligar la narrativa al controvertido concepto de postmodernidad. Para este autor la denominada postmodernidad constituye la dominante cultural de la lógica del capitalismo tardío (Jameson, 1984). El postmodernismo no es el denominar cultural de un orden social completamente nuevo sino que constituye el reflejo y el resultado de otra modificación del capitalismo. Es la fase correspondiente a la tecnología avanzada y al capital multinacional.[7] Por lo cual esta cultura postmoderna, dominante, de fin y principio de siglo, es vista como un fenómeno histórico real. Este postmodernismo se caracteriza por: (1) La expansión de la cultura de la imagen entendida como el rápido fluir de signos e imágenes que impregnan el tejido de la vida cotidiana hasta constituirse en ideología del consumo, que asegura la supervivencia del actual momento de la sociedad capitalista. La cultura actual es vista como una sociedad del simulacro, donde los medios han transformado "lo real" en un conjunto de pseudo acontecimientos. Se tiende a borrar el pasado como si éste fuera "una copia idéntica de un original que nunca ha existido". En el lugar del pasado sólo tenemos "un conjunto de polvorientos espectáculos" (Jameson, 1991). (2) La ruptura de la cadena de significantes en los mensajes, provoca la fragmentación del sujeto, una "esquizofrenia" donde el presente engloba al individuo y lo aisla de su historia. De este modo la narrativa se espacializa y se produce una crisis de la historicidad que se manifiesta en la incapacidad del sujeto postmoderno de procesar la historia misma. La ideología del capitalismo actual despedaza la continuidad histórica y reafirma la visión positiva de la realidad, sea ésta física, actual, mental o virtual. Es por ello que adquiere trascendencia el retorno de la historia y de la narrativa aunque sea sobre el fin de las narrativas. La narrativa en su doble condición de emergente de una estructura socioeconómica y como posible respuesta desalienante.

Otra cuestión de sumo interés en el planteo de Jameson parte de la premisa de que no hay teorías inocentes y considera la operación interpretativa como una reconstrucción ideológica determinada precisamente por la historia. La hermenéutica está fundada sobre el análisis de la ideología, considerado por este autor como la labor central del método marxista. Los textos nunca se confrontan de manera realmente inmediata sino que estos llegan ante nosotros como lo siempre-ya-leído y los aprehendemos

---

7. Jameson toma como referencia la tesis del economista belga Ernest Mandel (1923-1995) acerca del Capitalismo Tardío (1972, 1980). Mandel sostiene que el capitalismo ha atravesado tres momentos fundamentales cada uno de los cuales ha significado una expansión dialéctica en relación con el período anterior. Estos tres momentos son: el Capitalismo de Mercado, el Monopolista o del Imperialismo, y el Capitalismo Multinacional, correspondiendo éste último al momento actual. Mandel afirma que el capitalismo multinacional, o de consumo, o tardío, constituye la forma más pura de capitalismo.

a través de capas sedimentadas de interpretaciones previas, o bien –si el texto es enteramente nuevo– a través de los hábitos de lectura y categorías sedimentadas que se han desarrollado en tradiciones heredadas (Jameson, F 1981). Los textos culturales como los códigos maestros desde los que se construyeron, y las nuevas lecturas con las que se asimila el pasado al sistema de valores de nuestro presente se muestran como una compleja red de interrelaciones en las que puede descubrirse el desarrollo dialéctico de los discursos de poder y dominación, proyectados sobre la historia misma. A diferencia de lo que afirmó Jean-François Lyotard, Jameson considera que las meta-narraciones, los grandes relatos no han desaparecido sino que más bien, se han sumergido en el inconsciente social, y desde allí aún tienen mucho poder.

En una perspectiva compatible con la de los dos autores anteriormente mencionados, Jerome Bruner (1986) advirtió, desde su mirada de psicólogo comprometido con una perspectiva más cultural y semántica de la mente humana, la existencia de dos modos básicos de conocer y pensar. Distinguió el modo narrativo, con el relato y el modo paradigmático con el argumento. Cada uno tiene sus propias formas distintivas para ordenar la experiencia, construir la realidad y entender el mundo. El paradigmático "trata de cumplir el ideal de un sistema matemático, formal, de descripción y explicación" (Bruner, J. 1985:24). El narrativo, en cambio, "se ocupa de las intenciones y acciones humanas y de las vicisitudes y consecuencias que marcan su transcurso" (Bruner, J. 1985:25). Estas dos formas de pensar difieren radicalmente en sus principios de verificación. Una buena historia necesita ser verosímil mientras que un buen argumento depende de cuestiones de verdad a través de pruebas formales o empíricas. Tienen funciones cognitivas diferenciadas no reducibles unas a otras. Constituyen procesos complementarios, esenciales ambos para poder estar en el mundo y con nosotros mismos. Los intentos de reducir una modalidad a la otra, o de ignorar una a expensas de la otra, han hecho perder la unidad en la inevitablemente y rica diversidad que encierra la mente humana y el conocimiento cotidiano y científico.

Los estudios e investigaciones realizados por Jean Piaget y Barbel Inhelder, bajo el programa de la Psicología Genética, han dado exhaustiva cuenta sobre la naturaleza y el proceso de construcción en la ontogénesis del modo "paradigmático" de pensar, de las categorías y conceptualizaciones que lo caracterizan, así como de las operaciones por las cuales tales categorías se establecen y se relacionan constituyendo sistemas. Este pensamiento lógico, matemático y causal constituye un poderoso y refinado instrumento de conocimiento que ha sido puesto en el primer plano tanto por la Ciencia como por la Educación, en todos los niveles de la enseñanza. Cuenta a su servicio con un desarrollo tecnológico cognitivo de gran magnitud, desde los elementales algoritmos del cálculo hasta sofisticadas máquinas para pensar con lógica y resolver problemas y ecuaciones diversas. Ahora bien, cuando se trata de conocer y poner inteligibilidad en la realidad social y humana los formalismos y el modelo de la causalidad física resultan insuficientes. Es precisamente ahí donde aparece el pensamiento narrativo, basado en la elaboración de historias, captando la riqueza y los detalles de los significados en los asuntos humanos. Una manera de pensar tan humana, tan obvia, tan evidente pero tan poco reconocida incluso en las propias Ciencias Humanas.

Bruner (1990) señaló que el principio de organización de la psicología popular es esencialmente narrativo.[8] El dominio de esta psicología se deriva de la propensión teórica y explicativa que no sólo dispone de un conocimiento pragmático sobre los demás y de una metacognición sobre sí mismo, garantizado por la disposición natural a tener una "Teoría de la mente",[9] sino

---

8. La psicología popular *(Folkpsychology)* hace referencia a las explicaciones sobre lo mental que se realizan fuera de los ámbitos científicos y académicos y que suelen variar en las distintas culturas. En todas las culturas hay una "psicología popular" que es uno de los instrumentos constitutivos más poderosos y que consiste en un conjunto de descripciones más o menos normativas y más o menos conexas de cómo funcionan los seres humanos, cómo es nuestra mente y la de los demás, etc. La psicología popular trata así de agentes humanos que hacen cosas basándose en sus creencias y deseos, que se esfuerzan por alcanzar metas y encuentran obstáculos que superan o que los doblegan y todo lo cual ocurre en un período prolongado de tiempo. BRUNER, Jerome (1990) *Actos de significado. Más allá de la revolución cognitiva.* Alianza Editorial, Madrid.

9. A partir del estudio experimental de Premack y Woodruff (1976) se denomina *Teoría de la mente* a la capacidad de atribuir a otros estados mentales intencionales que, a su vez, pueden tener como objetos estados mentales intencionales. A pesar de que los antropoides superiores alcanzan un segundo orden de intencionalidad ("creer que el otro cree que...") no existen pruebas que permitan afirmar que alcancen esa intencionalidad recursiva de orden superior que se pone en juego, constantemente, en los usos lingüísticos de los humanos.

que además pretende establecer principios generales que explican el mundo psicosocial y justifican su propio comportamiento.

El mundo de una historia, nos dice Bruner, debe conformar los cánones de la consistencia lógica para lograr la verosimilitud, pero puede usar violaciones de esa consistencia como base del drama. Lo interesante de la estructura del relato es la calle de dos direcciones que comunica sus partes con el todo. Los acontecimientos relatados en una historia toman sus significados del relato global. Pero el relato global es algo que se construye con sus partes. Esta "pescadilla que se muerde la cola" entre la parte y el todo lleva el nombre de "Círculo Hermenéutico" y es lo que hace que los relatos estén sometidos a interpretación. No basta con explicar un relato lo fundamental que se puede hacer por él es darle una interpretación variada.

Antes de Ricoeur, Jameson y Bruner, y de la mayoría de los pensadores de la postmodernidad, Sigmund Freud puso en evidencia la estrecha conexión existente entre la historia, la salud y la enfermedad del sujeto. Desde esta perspectiva freudiana la enfermedad consistió, más o menos, en el sufrimiento originado por una historia incoherente o por una explicación narrativa inadecuada de uno mismo. Generalizando, la mayoría de los sujetos que sufren tienen "malas historias". El narrador incoherente consigo mismo no queda impune, sufre. En cambio, una "buena historia", es aquella que consigue poner el caos aparente del incontable inconsciente bajo el control narrativo de la conciencia del sujeto narrador. De este modo Freud hizo explícita la existencia de una "verdad narrativa" inherente al sujeto y que, en la mayoría de los casos, se contrapone a las distintas versiones de historias oficiales en las cuales los sujetos están enredados. No todas las historias son iguales, hay una o algunas que parecen ser las mejores. El análisis tendría como finalidad el que las historias no contadas e inhibidas fueran convertidas en historias efectivas que el sujeto aceptaría como constitutivas de su identidad personal.[10]

---

10. Paul Ricouer (1984) consideró la metapsicología freudiana como un sistema de reglas para volver a narrar las "historias de vida" elevándolas a la categoría de "historias de casos".

La explicación científica y la interpretación narrativa en la Psicología

"Frente a la razón pura físico-matemática hay,
pues, una razón narrativa.
Para comprender algo humano, personal o colectivo,
es preciso contar una historia".
Ortega y Gasset, *Historia como sistema*

Desde el siglo XVII la "explicación causal", a través de una teoría, constituyó el ideal para comprender cualquier fenómeno sea del orden de la naturaleza o de la mente. Desde la tradición positivista se advirtió con insistencia que no cualquier explicación era una explicación científica, para serlo ésta debía apoyarse en leyes generales siendo el fenómeno observado un caso particular. En Física y en Biología, por ejemplo, las relaciones causales son descubiertas entre las condiciones físicas antecedentes y las condiciones físicas consecuentes. Esta relación causal al tomar forma de ley da cuenta de las regularidades generales. Una vez descubierta, la identificación de los antecedentes físicos permite predecir las consecuencias físicas que sirven como explicación. Las condiciones antecedente y consecuente se presume que son observables, independientes una de la otra y diferentes. Esta manera de conocer, que atiende a buscar y encontrar relaciones de causa-efecto entre los fenómenos observados, resultó ser tan robusta y efectiva en las Ciencias de la Naturaleza, que los filósofos y científicos contemporáneos la consagraron como el camino a la verdad, el único sendero que nos conducía hacia el entendimiento verdadero. De este modo la "explicación causal" fue considerada la "explicación científica" y todo los demás, al decir de Hume, podía arrojarse a las llamas, ya que era o sofisma o ilusión o mera especulación metafísica. En este modelo de hacer ciencia, positiva y verdadera, la teoría explicativa debe funcionar al margen de la subjetividad del investigador, de toda perspectiva personal y de la situación en la cual el fenómeno se estudia. Esto es así dado que las leyes científicas de explicación causal se las pretende objetivas, eternas y libres de contexto.

Lo "duro" y lo "blando" se utiliza aun hoy como metáfora para medir la cantidad y calidad de explicación científica que una disciplina puede aportar. Las Ciencias Sociales y las Humanidades eran –y para muchos siguen siendo– "blandas", débiles e inciertas, más próximas a la especulación filosófica, la creación artística y literaria que al rigor del experimento científico. Los productos, éxitos y promesas de las Ciencias Naturales y Exactas –"duras", "fuertes" y ciertas– son de tal magnitud y trascendencia que hoy se habla de la Revolución Científico Tecnológica. En el ámbito de la Psicología han sido varias las empresas que intentaron hacerla científica "endureciéndola". La mayoría de estos esfuerzos, tal como fueron los Programas Científicos de la reflexología y el conductismo terminaron arrojando por la ventana los datos subjetivos que provenían de las voces de los sujetos y buscaron una perspectiva desde ningún lugar para situar las miradas de los investigadores. En efecto, los comienzos de la psicología como disciplina científica estuvieron ligados a la fuerte creencia que los fenómenos mentales podían –y debían– ser "explicados" acordes al modelo de la ciencia natural. Lo subjetivo como dato y como variable interviniente en la investigación fue desechado o experimentalmente controlado. El positivismo decimonónico y, posteriormente, el empirismo lógico, crearon las bases de esta nueva psicología científica adecuando el objeto de estudio a las exigencias del método o a sus postulados epistemológicos y filosóficos. Pero este proceder, como hoy sabemos, no sólo no resolvió el problema planteado sino que generó mayor confusión sobre el mismo. En plena postmodernidad, una de las tendencias de las políticas científicas neoliberales en el campo de la Psicología es el retorno del Positivismo bajo una combinación de racionalismo y empirismo tal como lo enuncia la Psicología Cognitiva de orientación computacional. Lo que quiero subrayar es que el estudio científico del comportamiento humano, de la mente o de los mecanismos y procesos psicológicos encuentra dificultades al estar entrampado en parte en una concepción filosófica (positivista) de la ciencia.

Ahora bien, ¿por qué y de qué manera la interpretación narrativa resulta relevante en la Psicología?, ¿qué tipo de conocimiento constituye la narración? Explicar e interpretar ¿se excluyen y/o se complementan en la producción de conocimiento científico en el ámbito de la realidad humana? La narrativa, como bien lo ha señalado Bruner, " (...) si bien es un evidente placer, es una cosa seria. En el bien y en el mal es nuestro instrumento preferido, quizás inclusive obligado para hablar de las aspiraciones humanas y de sus vicisitudes, las nuestras y las de los demás. Nuestras historias no sólo cuentan, sino que imponen a lo que experimentamos una

estructura y una realidad irresistible; y además una actitud filosófica"
(Bruner, J. 2002/2003:125)[11]. Es evidente que la narrativa plantea –en el
campo de la investigación y en el de la intervención psicológica– cuestiones referidas tanto a la naturaleza de los datos con que opera (del orden
de lo ontológico), como a la epistemología en que se sustenta y a los caminos más idóneos para acceder a los conocimientos que promete. En efecto,
el relato implica necesariamente un narrador que elabora y enuncia desde
su peculiar visión. Quienes narran pueden ser tanto los sujetos estudiados
como los propios investigadores. Los sujetos hablan de ellos mismos y
de los demás tanto para decir cosas sobre los mundos reales como sobre los
mundos posibles; los sujetos hablan para persuadir, convencer, engañar o
sostener su ideal, por nombrar algunas de las intenciones posibles. Para ello
utilizan y recrean pequeñas historias que operan como medios que textua-
lizan la subjetividad. Sin silenciar sus perspectivas, dan cuenta de lo que
hacen, de lo que creen, de lo que piensan, de lo que sienten y de lo que desean. Todo ello con mayor o menor grado de conciencia. El texto narrado –oral
y/o escrito– da exterioridad y materialidad a la subjetividad y el contar historias se transforma en una de las materias primas esenciales –aunque no la
única– del quehacer y de la producción científica en la Psicología. De este
modo, el ideal positivista tanto sobre el realismo de los datos como sobre
la objetividad del conocimiento, según el cual el investigador debe establecer una clara distancia con el objeto investigado –a mayor despersona-
lización mayor objetividad–, debe ser puesto en entredicho y revisado.

En consecuencia para muchos contenidos y problemas de la investigación psicológica no se pueden formular leyes generales, bajo las cuales, algunas condiciones antecedentes, como los estados intencionales, predicen
algunas condiciones consecuentes, como las acciones, en el mismo sentido que lo hacemos con los estados físicos, psicofísicos o neuropsicológicos.
Algunos experimentalistas, tal como ocurre entre los psicólogos cognitivos,
con frecuencia conciben la acción humana explicada por estados mentales
y presumen de "la mente" para encubrir aquello de lo que carecen. Las variadas formas de estas aproximaciones se sitúan en el reduccionismo, que trata
a las las acciones humanas como conductas y a las mentes como cerebros.

---

11. BRUNER, J. (2002) *La Fábrica de Historias. Derecho, literatura y vida.* FCE, Buenos
Aires, 2003.

Muchos de ellos conciben las causas mentales como físicas; así por ejemplo entienden las intenciones como estados cerebrales y pretenden explicar la acción intencional en el mismo sentido (o similar) de cómo se proporcionan explicaciones de los hechos o eventos físicos, por predicciones en el contexto de las leyes causales generales.

Dejando estas cuestiones en suspenso la gran virtud de la causalidad para los empiristas es el permitir la predicción. Pero la causalidad intencional no permite la predicción. Se puede acceder a una clase de explicación sin predicción y esto es una interpretación. Ahora bien un modelo de causación particular, donde la causa contiene la consecuencia, se parece más a un texto que a un experimento. De ahí la aseveración de Jerome Bruner según la cual el experimento busca la verdad en tanto que el relato busca la verosimilitud (Bruner, J. 1986:23-53). La interpretación narrativa constituye un procedimiento de interpretación como los que se dan en el campo de la literatura y en el campo de la ley o del derecho. En estos campos disciplinarios no se trata de generar datos en forma experimental. Se trata, más bien de explicar los datos que se encuentran, no se espera predecir algo. Las acciones humanas pueden ser vistas como textos –en el más amplio sentido del término– y adoptando una estructura narrativa o de relato. Por lo cual el estudio científico – en tales circunstancias– consistirá en la interpretación. La interpretación descubrirá los estados intencionales que subyacen debajo del texto interpretado y que lo constituyen. En este caso la tarea de los psicólogos científicos es la de interpretar la acción humana construida como un texto en orden a descubrir sus patrones o esquemas y de manera particular cómo estos patrones o esquemas son constituidos por los estados intencionales. John Searle (1984, 1997) ha insistido en que uno de los caminos para superar la perspectiva positivista en las ciencias humanas estaba en estudiar el papel de la intencionalidad en la estructura de la acción humana.[12] El objetivo de la interpretación es entender el fenómeno sin tener que explicarlo causalmente. Pare este propósito el texto y el discurso en general han sido el instrumento fundamental. El entendimiento que se busca y obtiene por interpretación es el resultado de la organización y contextualización, de una manera disciplinada, de proposiciones esencialmente contestables e

---

12. SEARLE, John (1984) *Mentes, cerebros y ciencia.* Ediciones Cátedra, Madrid, 1990. SEARLE, John (1997) *El misterio de la conciencia.* Paidos, Barcelona, 2000.

incompletamente verificables (Bruner, 1997). Una de las formas de lograr este entendimiento es a través de la narración: contando una historia sobre "en qué consiste" algo. La narración y la interpretación circulan por la avenida de los significados y en éstos rige la polisemia. De esto se deduce que el entendimiento no resulta unívoco. Una forma de construcción narrativa no bloquea la posibilidad de otras formas y la interpretación de cualquier narración tampoco imposibilita otras interpretaciones. Esto es humanamente así. Los significados narrativos se basan más que en la verdad (en el sentido de verificabilidad) en la verosimilitud, en "parecer verdadero". Esto es una composición de coherencia y utilidad pragmática. La "explicación", es el modo de dar cuenta de los fenómenos naturales y, en el caso de la psicología, de aquellos mecanismos y fenómenos de naturaleza más bien Psicobiológica. La "interpretación narrativa", en cambio, sería el modo de dar cuenta de las acciones humanas desde las intenciones que les confieren sentido. El sentido de una acción, lo que la hace inteligible, tendrá que venir dado, en una proporción considerable, por la explicación narrativa del agente sobre las intenciones, motivos y propósitos que tiene para él a corto plazo, y más ampliamente, en el horizonte de su vida en la cultura en la que convive.

Se ha sostenido la diferenciación y no-complementariedad de estos dos modos básicos de estudiar lo psíquico. Desde el positivismo se sostiene que sólo la investigación científica convencional, de sólida base empírica, produce conocimiento verdadero, por lo que el análisis de las historias o la interpretación de narrativas no puede ser admitido dentro del campo científico relegándolo a los ámbitos del razonamiento práctico, del saber cotidiano o de las bellas artes. Hoy, más esclarecida la cuestión de las falsas dicotomías, a cierta distancia de las opciones del tipo "o-lo-uno-o-lo-otro" (Bruner, J. 1997), resulta posible afirmar, aún a riesgo de ser condenado por alguno, que el método de "explicación causal" no es la única vía para describir y entender la acción y la mente humana.[13] Ahí está también la "interpretación narrativa". En la investigación psicológica y, por ende, en la formación de los psicólogos es tan importante saber explicar y realizar verdaderos experimentos –cosa que en nuestros ámbitos de formación universitaria

---

13. BRUNER, Jerome (1997). *La educación, puerta de la cultura.* Visor, Madrid.

deberíamos reparar– como saber interpretar y entender –cuestiones que en nuestra formación profesional deberíamos re-visar. Una cosa no excluye la otra, es una cuestión de pertinencia, de intereses científicos y de tener que optar, vaya uno a saber por qué, en la investigación y en el quehacer profesional.

Es evidente que esta temática –tal como la hemos abordado– instala en nuestra actividad científica y docente una cantidad destacada de atractivos interrogantes, al mismo tiempo que provoca una apertura a pergeñar estrategias en la construcción de nuevos conocimientos. Estas cuestiones demandan un estudio más profundo y detallado que escapa a las intenciones iniciales de este texto. Sin embargo, no se soslaya una respuesta a un interrogante esencial: ¿Son compatibles ambos modos en la investigación psicológica? En el estudio de la mente humana es importante diferenciar los enfoques explicativos causales de los interpretativos hermeneúticos. Pero sostener esta diferenciación no significa que ambos enfoques sean irreconciliables. En la producción de conocimiento científico, en el ámbito de la Psicología, ambos se complementan. Son irreductiblemente diferentes pero complementarios. Ambos desempeñan papeles distintos en la creación de conocimientos. Ni monismo ni dualismo metodológico, que harían retroceder la cuestión a un callejón que desemboca en la fragmentación de la Psicología. Al menos para hacer Psicología debemos aprender a evitar los fundamentalismos teóricos y metodológicos, a convivir con lo heterogéneo soportando la naturaleza de la contradicción y de la diferencia. En la medida en que los procedimientos explicativos en las ciencias sociales son homogéneos a los de las ciencias de la naturaleza, hay una continuidad en el campo científico. Pero, igualmente, la interpretación narrativa aporta un componente específico en el conocimiento de las acciones o de las instituciones humanas que es irreductible a la explicación causal. Por eso, parece más justo plantear la relación entre explicar e interpretar (o comprender) en términos de dialéctica: la necesaria mediación de la interpretación narrativa por la explicación y a la inversa (Ricoeur, P. 1986).[14] En última instancia, la narración conforma el paisaje en que vivimos como investigadores y profesores y dentro del cual se puede apreciar el sentido de nuestro trabajo.

---

14. RICOEUR, Paul. (1986). *Del texto a la acción.* FCE, Buenos Aires, 2001.

Esto no es sólo una pretensión estética y emocional con connotaciones románticas, constituye –por el contrario– una propuesta sobre las formas de generar saberes válidos subrayando que el tradicional conocimiento científico se expresa también por narraciones y si se lo formula de este modo admite mayores niveles de comprensión o entendimiento.

Muchos albergamos la esperanza de que los estudios sobre narrativa y de pensamiento narrativo abrirán perspectivas importantes en las ciencias humanas y de manera particular en la Psicología. De este modo saludamos el abandono de la búsqueda de leyes como única meta para explicar la conducta humana y el acercamiento a una postura de naturaleza más interpretativa. Ahora bien, reivindicar el estatuto científico de la interpretación no es suficiente, necesitamos estudiar y precisar con detalles los procedimientos y técnicas de producción e interpretación. Pero es ésta una cuestión que escapa a los objetivos del presente estudio aunque es mi convicción que al respecto, Sigmund Freud, Jerome Bruner, Paul Ricoeur y Frederic Jameson, entre otros, nos han proporcionado claves importantes.

CAPÍTULO 8

Investigar en situaciones adversas

OVIDE MENIN

Desde hace algunos años, un pequeño grupo de psicólogos, que integra la cátedra universitaria denominada "Psicología Educativa (II)" en la carrera de Psicología de la Universidad Nacional de Rosario, se constituyó en un "equipo de investigación" interesado en indagar, desde una perspectiva estructural y dinámica, en la configuración de problemas que en el "campo educativo" se denominan, no sin cierta laxitud, "problemas del aprender"; con la idea de prevenirlos.[1] Temas estos, consubstanciales a la historia universal de la educación, que los educadores –cualquiera sea el nivel del sistema donde se desempeñen– resignifican permanentemente a su manera. Unos con más propiedad que otros. Nuestro tema de investigación más reciente fue el de "La prevención de los problemas del aprendizaje como tarea compleja de abordaje interdisciplinario".

Realizada la investigación en condiciones que consideramos adversas, por múltiples razones, empieza a mostrar la cuestión nunca abordada con franqueza, de lo que se reconoce como "la realidad", que en términos de las condiciones materiales en las que se desenvuelve el trabajo intelectual de los docentes investigadores, hoy, es francamente dura, salvo contadas

---

1. El autor es coordinador del equipo integrado por C. Ausburguer, A.M. Bloj, Z. Caballero, M.T. Ferroni, N. Pascuali, E. Penecino, Z. Peralta y A. Sánchez.

excepciones. Esto aparece con toda claridad a la hora de redactar avances y conclusiones.

Es que dicho sin ambages, sólo se menciona lo bello, los grandes logros, la supuesta cooperación y un cierto saber compartido, mientras se silencia o se oculta lo feo, lo salvajemente competitivo y lo acotado, de múltiples hallazgos donde la ignorancia de lo que ocurre en otros campos, convergentes o divergentes, forma parte del llamado rigor teórico donde se encuadran los registros, al mejor estilo positivista decimonónico. Nadie habla de ese desquiciante terrorismo epistemológico con el cual, desde el fondo de la sala, el más bisoño desarma, al más conspicuo de los investigadores con una inocente pregunta del tipo ¿desde que postura epistemológica me habla usted? Al punto de dejarlo sin aliento, fuera de cause y con los párpados tiesos.

Cada una de estas apreciaciones conceptuales merecen ser explicitadas. De hecho lo fueron como tarea de formación continua de nuestro equipo de investigación. Las obviamos ahora por razones de espacio. Por eso sólo comienzo diciendo que el trabajo de campo realizado muestra que el concepto de "complejidad" instalado en el encuadre de nuestra investigación, adquiere nuevos significados a la luz del análisis de la realidad social en la que surgen y prevalecen ciertos "problemas del aprendizaje" como tales.

Realidad social donde la variable socioeconómica condiciona de manera pronunciada el quehacer "enseñante" de la maestra en el aula. El investigador Jorge Kohen dice: "En (los) talleres se puso de manifiesto que las mayores dificultades que deben afrontar los alumnos que trabajan para asimilar los contenidos se deben al cansancio acumulado en el trabajo y las inasistencias a las cuales los obliga". En párrafo seguido reitera que: "Es de destacar que los docentes manifiestan que el trabajo infantil es causa importante en el fracaso escolar; en muchos casos constituye el único ingreso en la familia por lo cual los maestros se sienten impotentes para evitar la no concurrencia a la escuela y tienen enormes dificultades en vincular los contenidos curriculares con las necesidades de los chicos" (Kohen, Jorge *"Análisis cuanticualitativo de la salud mental de los maestros"* Informe CIUNR, 1998).

El trabajo de campo que nosotros hemos realizado en dos escuelas con alta matrícula (579 y 600) de las que se tomó en cuenta para efectos de la investigación sólo "el primer ciclo de la enseñanza general básica" (tres cursos consecutivos en una misma Región Escolar, la VI, pero en zonas diferenciadas: urbano-citadina la una; suburbano-marginal la otra), permitió registrar a través del análisis cualitativo de casos, aspectos que muestran claramente esa complejidad. Ambas escuelas son de primera categoría –según sus respectivas matrículas– donde el indicador "fracaso" por repitencia, dificultades "mentales" para aprender, inasistencia reiterada, conflicto y otras, no las distinguen una de otra de modo pronunciado. Tal el fenómeno estructural social de base; apenas diferenciado por matices en la composición matricular por la procedencia de sus alumnos. La clase alta, por ejemplo, no envía sus hijos a esas escuelas. Ya se sabe. No obstante, la asistencialidad (alimento, calzado, atención de la salud, etc.) a la que se refiere el gobierno no acusa una presencia decisiva en ninguna de ambas escuelas. Es evidente, en cambio, el esfuerzo de las cooperadoras de padres para subvenir a una amplia gama de requerimientos donde el "habitat" –su condicionamiento cultural y espiritual, embellecimiento, *confort*– ocupa una parte de la atención, tanto de los actores principales como de los actores de reparto; valga la metáfora.

En lo que hace a la prevención de los problemas en sí, entendidos estos no sólo como dificultad para la incorporación de saberes puntuales, los que marcan tanto el curriculum escolar cuanto los Programas de las asignaturas o áreas de conocimiento, sino también en lo que la Psicología Educacional reconoce como "cambios conceptuales", aparece en la investigación como un problema más bien antropológico social que pedagógico. Prevenir lo que la escuela puede prevenir *per se* en tanto institución social, con fuertes limitaciones que bien podemos llamar "del orden de lo funcional", adquiere un nuevo significado. No sólo el significado de adelantarse a los hechos, tomando recaudos *a priori,* sino desde el carácter enmendativo de esos hechos problemáticos para que a futuro no vuelvan a ocurrir. Surge entonces desde los registros realizados durante el trabajo de campo en ambas escuelas un tipo de prevención de ciertos problemas –aprehender, asimilar, construir, aprender– consubstancial al quehacer docente en el aula. De modo restringido pero, empalmado con los otros recaudos que en dimensión macro implementa (o debiera implementar) el Estado y la Comunidad. Cierto fenómeno restringido básicamente al quehacer del aula, desde una intensa relación docente alumno configuran una realidad pocas veces indagada con detenimiento. Forma parte de las prevenciones realizadas desde lo microdimensional como pasos substantivos de proceso. El fracaso de los niños de 6 a 8 años que integran el primer ciclo de tres cursos lectivos de duración, porque no aprendieron a leer y a escribir, por "múltiples razones" (factores que la psicología y la pedagogía vienen estudiando desde principio de siglo, desde líneas de análisis epistemológico distintas y desde categorías por ende, diferentes) dan cuenta de esa complejidad de la que venimos hablando desde la formulación del proyecto de investigación. Prevenir aunque más no sea esa particular dificultad, implica hacerse cargo de múltiples factores concurrentes, a los que se aborda casi siempre desde una perspectiva cuantitativistas, con métodos preferiblemente estadísticos y que en muchos casos se someten al procedimiento de la triangulación, permiten resignificar el sentido de la prevención de problemas que adquieren para la institución, un intenso significado. Más que para el adulto, para el niño, que casi nunca se perturba por los "malos resultados" hasta que el otro, el adulto, en sus diversos roles sociales (padre, maestro, vecino, etc.) le hace sentir el fracaso como tal. No es lo que hemos hecho. Al preferir una análisis cualitativo dijimos, en nuestro último informe, que "La complejidad de ambos casos se puso en evidencia (...) tanto por los elementos diferenciadores (la naturaleza semirural de la una; la naturaleza netamente urbana de la otra) cuanto por la composición estructural, dinámica del conglomerado humano al que pertenecen. Conglomerado que "le da color" es decir identidad, a través de pautas culturales específicas diferenciadoras de la vida comunitaria y de la vida institucional amalgamadas". Llamamos vida, en sentido antropológico cultural social, al "modo de comportamiento en común".

Más adelante dijimos, según las indagaciones de Caballero, Peralta, Ravenna y Sánchez, que "El análisis que hemos realizado del estado del tema, tal como aparece en las dos escuelas públicas de una de las doce regiones escolares en las que se organiza desde 1985 la Provincia de Santa Fe, muestran que la prevención de ciertos problemas que inciden directa o indirectamente en el fracaso escolar muestra que no hay Programas oficiales provenientes del Ministerio (relativos a) prevención de los problemas del aprendizaje en estricto sentido". Estricto sentido quiere decir, en este caso, sentido puntual circunscripto al tema nodal: fracaso por dificultad en el aprender.

Ahora al cerrar esta investigación estamos en condiciones de decir que la prevención llevada a cabo desde la dinámica que genera una nueva didáctica menos formalista, con encuadramientos mínimos, pero capaz de hacerse cargo del problema que significa para un niño de corta edad aprender lo que le está prescripto por la escuela –dicho esto genéricamente– es consustancial al quehacer del maestro en el aula, más allá del despliegue, por círculos concéntricos, de actividades que operan a su favor desde lo macro dimensional, tales como alimentación, salud, recreación y apoyaturas interdisciplinarias que fortifican la compleja urdimbre que sostiene dicho quehacer.

Trabajos como los de Vilma Pruzzo, Carlos Oyola y Mabel Pipkin, por ejemplo, nos permitieron atravesar nuestras propias conclusiones con aciertos tales como los que ellos dicen de este modo:

(a) "El fracaso escolar ha sido siempre analizado desde la perspectiva sociológica, insistiéndose en señalar el alto compromiso de la escuela en la reproducción social (...) Nuestro estudio sin perder de vista aquella perspectiva, se ha centrado en cambio, en las responsabilidades didácticas de la institución escuela, en el fracaso escolar y su impacto sobre los sujetos involucrados. Los casos analizados, 5 pacientes de recuperación escolar en la década del '70, aprendieron a leer y a escribir, desde su tratamiento en cuarto grado y continuaron estudios incertándose con éxito en la sociedad. Sus historias no sólo son las historias personales del fracaso, también nos muestran la historia del fracaso didáctico institucional de la escuela." (Pruzzo, Vilma. *Biografía del fracaso escolar.* Espacio editorial, Buenos Aires, 1997.)

(b) "De lo que se trata –y ello surge del análisis realizado acerca de la forma de operar de muchos factores socio-psico-pedagógicos– es que aparecen situaciones concretas que hacen a las funciones de la institución escolar, a su forma de abordaje y organización de la enseñanza, al manejo de elementos de la realidad educativa, a sus pautas de significación del aprendizaje escolar; situaciones que, al estar específicamente conectadas con las dimensiones culturales y organizativas de la escuela, ponen de manifiesto la posibilidad de actuar sobre las mismas, de accionar para su reformulación y transformación desde el mismo sistema educativo." (Oyola, Carlos. *Fracaso escolar. El éxito prohibido.* Aique Grupo Editor, Buenos Aires, 1994.)

(c) "Al preocuparnos por el fracaso escolar centramos la mirada en los procesos cognoscitivos y sociales en el sentido de entender ese fracaso a un nivel constructivo, dinámico y de ninguna manera como producto o resultado. De este modo analizamos el fracaso escolar desde una concepción de sujeto en que confluyen los dos aspectos, un sujeto activo que construye el conocimiento y que es constituido a su vez, a través de las relaciones sociales." (Pipkin, Mabel *¿Cómo se construye el fracaso escolar?* Homo Sapiens Ediciones, Rosario, 1994.)

Desde las apreciaciones que venimos realizando consideramos importante triangular nuestro análisis solventado, como dijimos, en un trabajo de campo acotado pero minucioso, con las apreciaciones de otros investigadores de manera que nos permita sostener la tesis de que no sólo se previene el fracaso escolar desde la dimensión sociológica y didáctico-pedagógica –según se lo aborda con más frecuencia– sino psicoeducativa, dimensión que por lo demás las contiene y para nosotros se vuelve substancial. La prevención adquiere así un nuevo significado cuyo análisis se ha descuidado, a nuestro entender, debido al enorme impacto que producen las carencias materiales que llamamos socioeconómicas, generando problemas complejos en el niño que aprende. Es que la macro dimensión que adquiere el problema sustrae de las posibilidades preventivas realizables en dimensión reducida; práctica cotidiana tan efectiva como necesaria que, vista desde una microperspectiva, adquiere singular significado para las partes: alumnos, padres, educadores, en tanto refuerzan desde lo inmediato y lo próximo, programas combinados de acción. Esto también configura una situación adversa para el investigador con sensibilidad y compromiso social. Como venimos diciendo en todos nuestros avances, este abordaje que se realiza por círculos concéntricos permite percibir que este modo de prevenir aspectos que denominamos psicoeducativos se inscribe en aspectos sociodinámicos más abarcativos y así sucesivamente pero que la maestra –devuelta a sus antiguos fueros: contención, enseñanza y evaluación– no siempre percibe con claridad. Un cierto sincretismo de su hacer la vuelve pragmática, buscadora de resultados o en su defecto "ciega" ante el recurso preventivo que maneja desde su papel complementario de orientadora. A todo esto, reitero, lo llamamos investigar en situación adversa. Lo adverso emana tanto del texto como del contexto. Desconfianza, competencia caníbal, por tendencia a formar capillas, lenguaje críptico, categorías un tanto rebuscadas y esa descontrucción permanente que caracteriza a la educación postmoderna sin visos de alternativa si no es adscribiendo a la otra secta.

CAPÍTULO 9

La formación de nuevos investigadores científicos*

OVIDE MENIN

No me ha sido fácil organizar esta conferencia sobre la formación de nuevos cuadros interesados en la investigación científica. Por variadas razones. La primera, porque pese a la aparente simpleza del enunciado, el concepto mismo de formación suele ser controvertido. No todos entienden lo mismo cuando se dice formar; término éste muy ligado a la pedagogía y sus métodos de enseñanza. Métodos de formación que a la hora de implementarlos denotan una complejidad que el formador pocas veces ha podido prever. Cuantimás si es poco experimentado en estos menesteres de la formación sistemática y continua de los jóvenes, casi siempre bien intencionados, animosos, idealistas, pero poco clarificados sobre el tema. La segunda razón de mi dificultad está ligada a una cuestión epistemológica. Investigar científicamente ¿quiere decir lo mismo para todos nosotros? Frente al fuerte relativismo instalado por la llamada posmodernidad, no solamente el concepto de ciencia adquiere un carácter denotativo también controvertido sino que el método científico mismo no es

---

* Conferencia pronunciada en el Salón Sur del Rectorado de la UNR como parte de un ciclo destinado a los investigadores jóvenes del Consejo de Investigaciones de la citada Universidad en el año 2000.

ya el método reconocido universalmente por nuestros padres positivistas. Más nos valdría hablar de los métodos científicos, tal vez.

El abordaje pedagógico que toda formación conlleva y al que me refiero, suele resultar chocante para muchos investigadores que consideran la formación de los cuadros jóvenes desde una cierta empiria. La empiria de los hechos y las prácticas cotidianas, realizables desde el laboratorio, el trabajo de campo y las diversas formas del quehacer concreto que subyace en todo proceso de aprendizaje. Porque de eso se trata; de aprender a investigar; solo o acompañado.

La formación de investigadores científicos no escapa, a mi juicio, a la fuerte sobredeterminación que trae aparejada, tanto la elección del oficio cuanto los propósitos del Plan que se le ofrece al aspirante. Porque nadie puede negar que se les enseña a investigar según ideas preestablecidas o no se les enseña. Se los forma en función de esas ideas o no se los forma. He ahí un gran dilema, tanto para el maestro cuanto para el discípulo. Más allá o más acá del libre albedrío y todas aquellas farragosas especulaciones que a la postre no nos permiten diferenciar la paja del trigo. Porque, siendo absolutamente sinceros, en esto de investigar, la clave está en trabajar. Trabajar y reflexionar sobre fenómenos y procesos. Por lo demás, esto es válido tanto para la formación de artesanos cuanto de artistas, investigadores o maestros; estoy convencido. Creo que no hay otra. Sobre esto hay metáfora, metonimia y también sinécdoque para todos los gustos. Por lo tanto, en riguroso sentido metafórico, suelo decirles a mis discípulos que la investigación científica ha sido desde siempre una cuestión de culo, cabeza y corazón. Si no la captan, es decir, si no develan el sentido figurado de la expresión, peor para ellos. Será mejor que no vuelvan a la casa del Señor.

Esa dimensión pedagógica a la que aludo subyace en este fascinante quehacer formativo; quehacer que debiera partir de supuestos teóricos medianamente compartidos; dimensión que a su vez plantea problemas complejos que surgen de una relación humana muchas veces competitiva, no siempre franca y generosa, que la proximidad de las partes involucradas en el largo y pesado camino que configura la investigación y se traduce en conflictos y armonías, sin solución de continuidad. Ideología, sentimientos, razón y sinrazón, así como las periódicas confrontaciones, no siempre epistemológicas, atraviesan el quehacer formativo de estos cuadros. Así mismo, la verticalidad o bien la horizontalidad de las relaciones de trabajo generan, en este largo proceso formativo, un estilo de enseñanza y aprendizaje no siempre gratificante. Depende mucho de la autoridad moral e intelectual del líder del grupo.

En cuanto a lo que la tradicional pedagogía universitaria llamaba la forma de enseñar y hoy, con cierta licencia, llamamos las configuraciones didácticas, cabe decir que se registran –como lo registra la psicología social de los pequeños grupos de carácter estructural funcionalista– configuraciones relacionales autocráticas; configuraciones relacionales democráticas y configuraciones relacionales displicentes (*laissez-faire*).

Para mayor abundamiento digamos que esta formación de nuevos cuadros de investigadores científicos se realiza, bien de modo artesanal, bien de modo académico. Entendiéndose por formación artesanal la que se realiza mediante observación de la actividad del artesano investigador y la práctica que ejercicios graduales de indagación conlleva, sin mayores teorizaciones. Lo artesanal no excluye lo teórico sólo que la práctica está primero y la pregunta que le sucede da lugar a la respuesta pertinente. Lo académico forma parte de una cierta retórica que se genera en la presentación de antecedentes bibliográficos relativos a teoría, método y en muchos casos "vigilancia epistemológica"; recurso al que apelan muchos formadores pero que debe ser discutido por la connotación peligrosa que suelen adquirir en manos de investigadores propensos al dogmatismo.

CAPÍTULO 10

Formación docente e investigación

OVIDE MENIN

Pocos cientistas de la educación recuerdan que en 1957 aparece en nuestro país un texto de Frank Freeman, publicado por la Editorial Losada con el sugestivo título de *La Pedagogía Científica* donde Lorenzo Luzuriaga enuncia, en una suerte de prólogo que llama "Advertencia", aquellas categorías epistemológicas que por largo tiempo campearon a través de las currículas de formación docente. Dos grandes categorías que este distinguido republicano español expresaba así: "De las varias corrientes de la pedagogía contemporánea hay dos que merecen destacarse especialmente: una, que se dirige hacia los valores, fines u objetivos de la educación y que podría denominarse pedagogía especulativa o filosófica; otra, que estudia los métodos, procedimientos y medios de la obra educativa y que se le puede designar como pedagogía técnica o científica". En realidad –dice Luzuriaga– estas corrientes no son más que dos aspectos de la totalidad pedagógica de las cuales necesita la educación para su realización cabal.

Este libro vino a dar cuenta, hace cuarenta y cinco años, de lo que sobre el particular –quehacer científico impregnado todavía de positivismo residual– había propuesto Harold Rugg, docente universitario de la *Columbia University* ante la *National Society for the Study of Education* en 1933. Frank Freedman recopiló, hace setenta años, gran parte de las ponencias; compuso el libro y estampó la ideología científica de entonces, así como el procedimiento que aun pervive entre nosotros; también de manera residual. Las rigurosas investigaciones realizadas desde el experimentalismo psicológico, por hombres como Rodolfo Senet en la Universidad Nacional de La Plata, son un referente nacional incuestionable de esa tradición de enlace que ha corrido suerte diversa, hay que reconocerlo y más recientemente Emilia Ferreiro, no siempre bien compredida, tal vez mal aplicada, pero siempre inquietante. Nosotros mismos, los aquí presentes, hemos brindado desde espacios muchas veces reducidos aportes significativos a favor de ese enlace. Lástima que siempre nos faltara prensa; decisoria para estar en pantalla. Es que tengo para mí que en nuestro campo los cambios son siempre lentos, costosos, sospechados de tradición. Lo fotográfico, que ahora llamamos "ajustado estrictamente al encuadre teórico", ha malogrado más de una vez hallazgos significativos para la educación. El poder de la secta y de la corporación suele ser abrumador. Basta con detenerse en la postura conservadora desde la cual abordamos la enseñanza desde la universidad. En la forma y en la transmisión de muchos contenidos. Pese al esfuerzo de los investigadores y los críticos del sistema, que luchan por instalar ideas nuevas, transformadoras de la realidad; que anhelan poner en movimiento lo conservado como sustancial para lograr síntesis históricamente superadoras, hay momentos de interminables recidivas, sutiles, pero igualmente desanimantes.

En mi larga vida docente pocas veces he visto, como en estos últimos años, aflorar con tanta nitidez el juego perverso de la fascinación que paraliza y se hace dogma, contra las demandas de base que reclaman la inmediata solución de problemas puntuales del aula. ¿Cómo iniciar a los futuros maestros en la investigación, desde la escuela, las más de las veces en situaciones adversas, cuando no hay tiempo disponible ni recurso material adecuado? No puedo dejar de recordar la hermosa experiencia de los años '80 realizada a través del Proyecto MEP donde se destinaba un espacio curricular generoso para iniciar a los estudiantes de magisterio en la investigación.

La tecnología de punta opera de pantalla. Pero como diría Prevert: "palabras, palabras, palabras". Palabras son lo que abunda por doquier. Entonces, si no me equivoco, el tema principal se ha vuelto una incisiva pregunta: ¿cómo instalar la técnica del desbrozamiento entre nuestros formadores? Desbrozar, analizar, jerarquizar y seleccionar con ojo avizor lo fundamental de lo superfluo, lo significativo de lo sobreabundante; enorme cantidad de información carente, con frecuencia, de rigor conceptual.

El tema de mi interés ha sido, en estos últimos veinticinco años el de la relación entre la investigación científica y la formación docente. En esta línea, al igual que Stenhouse y seguidores, toda vez que tuve oportunidad de hacerlo, reclamé su incorporación en un espacio curricular para posibilitar múltiples aprendizajes relacionados preferentemente con la investigación-acción. Metodología que conlleva la reflexión permanente del educador sobre su propia práctica, con diversos grados de complejidad. Porque estoy convencido de que los educadores argentinos estamos intoxicados de teorías sin articulación con la realidad del aula.

Sobre este particular quiero decir lo siguiente:

(a) Es cierto que hemos capturado la dimensión subjetiva del complejo proceso de enseñar y aprender en sus múltiples instancias: social, pequeño grupal, personal. Escolar y no escolar. Con ello hemos modificado nuestro modo de investigar y formar a los formadores. Pero, ¿a qué precio? Dicho en el lenguaje de Unamuno ¿no se nos habrá volado la pajarita?

(b) Es cierto también, que en materia de corrientes epistemológicas, paradigmas y forclusiones, estamos en condiciones de competir con los más conspicuos mentores que nos visitan trayendo su insoportable –por lo descontextualizado– saber. Pero ante tanto Habbermas en abstracto, ante tanto Derrida en iguales condiciones, ante tanto Foucault y, últimamente, ante tanto Gadamer, el de la hermeneútica tan llevada y traída por doquier, ¿no sería bueno que revisáramos las teorías y las prácticas de Olga y Leticia Cossettini, Rosa Ziperovich, Antonio Sobral, Luis Iglesias y muchos de los que tadavía viven apasionadamente la escuela y reflexionan de continuo su más auténtico quehacer? No se trata de nacionalismos ni de xenofobias; se trata de regresar por los antiguos fueros de un internacionalismo solidario, real, concreto, que comienza por casa y se extiende al mundo sin temor. Aquel que campeó hasta ayer en nuestras escuelas públicas. Entonces sí, ligando lo de afuera con lo de adentro, en fuerte amalgama teórico-práctica, podremos formar un educador nuevo. He ahí la razón por la cual traje a colación el viejo libro de Freeman. Para demostrar que hace largo tiempo que en nuestro país la relación entre formación docente, pedagogía e investigación, ha estado presente en proyectos y estrategias múltiples, sostenida con diversos niveles de intensidad, silenciosamente, las más de las veces, pero efectiva, integrando lo de afuera con lo de adentro en una clara visión de la realidad. Positivismo, idealismo, espiritualismo, materialismo, e incluso, las más duras expresiones del conservadurismo, una veces liberal y otras fascistoide, signaron quehaceres institucionales concretos que todos recordamos. Los historiadores de la educación han investigado con pasión tanto la historia social cuanto la historia epistemológica de hechos y experiencias locales y regionales. Allí están los trabajos de Puiggros, Roitenburd, Cucuzza, Gentili, Pineau, Acchili y otros no menos importantes que enseñan a investigar y formar a la vez. Basta leerlos con detención.

(c) Por último, en términos de la mayor subjetividad, permítanme decir, sin ambages ni reticencias, que en materia de educación, la teoría mejor puede ser aquella que empieza por bajar a la tierra, de donde surgió, para hacerse cargo de una sencilla filosofía que reclama la formación de maestros que, antes que nada, sepan leer y escribir, sumar y restar, comprender y contener al niño para que, resuelto el cobro de su salario a fin de mes, pueda resignificar los añejos valores de la ética, la estética y el saber. Esto que parece una simpleza más de las que hablamos siempre, pretende tener la virtud de obligarnos a pensar en cómo podemos resolver, desde situaciones tan pronunciadamente adversas, la articulación de tanta teoría con una práctica atravesada por la realidad social asfixiante que invade el aula.

Rosario, junio de 2001.

CAPÍTULO 11

Doctorado y otros cantares

OVIDE MENIN

Los estudios de postgrado en las Universidades Estatales Argentinas tuvieron en el Doctorado su más temprana expresión. Algunos investigadores los sitúan en 1827, cuando se produce la primera defensa pública de una tesis sobre tema psiquiátrico en la Facultad de Medicina de Buenos Aires. Lo que diríamos "en épocas de Rivadavia" (Conti, N. 1999). Tradicionalmente el adjetivo de docto, que en buen romance significa –tal como sostiene María Moliner– sabio, fue adjudicado a la persona que ha aprendido muchas cosas o bien, mucho de cierta cosa mediante el estudio. Lo de doctor se refiere al grado concedido por una institución autorizada legalmente para ello. En nuestro país, como en muchos otros, sólo la universidad, tanto pública cuanto privada, es la que lo concede con base en cierta normativa legal. Pero no siempre ha sido así. En efecto, pocos saben que después de Caseros, nace la idea de fundar Escuelas Normales –idea que quedó fijada sólo en un Reglamento de 1853, inaplicado como se sabe, donde se establecía que "Los que salieren de la Escuela Normal se denominarán institutores; tendrán el rango de doctores en su rama y recibirán, en consecuencia, un diploma de capacidad consignado en gran papel de marquilla, cuya forma acordará el gobierno oportunamente, que será firmado por el Excelentísimo señor Gobernador de la Provincia y por su

Ministro Secretario en el Departamento de Instrucción Pública" (Ramos, Juan 1910). Esto ocurría insólitamente para Buenos Aires y Corrientes.

Doctores han sido llamados desde siempre, en la República Argentina, los médicos y los abogados, casi exclusivamente. Los primeros porque las respectivas casas formadoras expidieron –todavía a principios del siglo XX como ocurría en la citada Ciudad de Buenos Aires– el título de doctor en medicina al nivel de grado. Los segundos por tradición y un cierto imperio del derecho consuetudinario que, en la forma de un tribunal de alzada, los legitimaba como tales. El tiempo y la ley han puesto las cosas en su justo medio. Cabe admitir que, dicho sea de paso, en el estrafalario mundo de los políticos, los llamados punteros han "doctoreado" a sus correligionarios y a alguno que otro funcionario, desde siempre, sin mayores hesitaciones. Pero doctor, lo que se dice el título de "doctor de verdad" lo dan los estudios formales. Estudio de cierta calidad donde contenido y forma operan de consunno.

La Ley de Educación Superior número 24.521 del 20 de Julio de 1995 dice que "corresponde exclusivamente a las instituciones universitarias otorgar el título de grado de Licenciado y títulos profesionales equivalentes, así como los títulos de postgrado de Magister y de Doctor". Para el de especialización, silencio. De cualquier manera, en lo que hace al tema que nos ocupa, los estudios de doctorado en Psicología se instalan desde el primer momento –a mediado de los años cincuenta del siglo que acaba de fenecer– en el Plan de Estudios de entonces. Estudios que se preveían como parte de un recorrido curricular flexible donde el acento se ponía en la calidad de la tesis antes que en la cantidad de asignaturas y seminarios que, cual valor agregado que da alto nivel, asegura la tan deseada calidad.

En nuestra Universidad, el Doctorado en Psicología, vale reiterarlo, se cursa de acuerdo con una currícula fuertemente estructurada, que contempla: A) Ciclo básico compuesto de: 1) Epistemología, 2) Metodología de la Investigación, 3) Problemáticas Cruciales de la Psicología, 4) Taller de Tesis y B) Ciclo de formación específica, compuesto de asignaturas afines al tema de la tesis que el interesado acreditará de diverso modo (cursada formal, equivalencias, etc.). Incluye, a juicio de la Comisión Académica, el conocimiento de un idioma extranjero como mínimo (el que sea decididamente necesario). La "composición" de este ciclo la realiza el doctorando de común acuerdo con su director, seleccionando contenidos afines con el tema de la tesis.

Por vía paralela, el Consejo Superior, instaló un "Programa de consolidación académica" a término, para "los docentes concursados o interinos de la Universidad Nacional de Rosario (...) que acrediten una trayectoria universitaria significativa en la docencia de grado y/o de postgrado, en la investigación sistemática, en proyectos debidamente acreditados y/o en tareas de extensión y transferencia al medio, así como en la formación de recursos humanos que evidencien un perfil de suficiente autonomía en la producción científica acordes para abordar la tesis de doctorado" (Ordenanza n° 566/99). A término quiere decir que, por una única vez, durante dieciocho meses, con derecho a veinticuatro cuando el director lo considere necesario.

En este caso el doctorado –digamos mejor que el título de doctor que se expide– es genérico. La currícula es mucho más flexible, hay que reconocerlo. El recorrido formal es graduable en función de los antecedentes *(Curriculum Vitae)* del aspirante, como queda dicho.

No cabe duda que el propósito manifiesto de consolidar el plantel docente de cada Facultad configura una propuesta política plausible. En materia de doctorados se han ensayado una variada gama de diseños. La experiencia muestra que los diseños más flexibles, los denominados modelos semiestructurados, son los que mejor resultado dan cuando se cuenta con un director de tesis responsable y probo, capaz de acompañar al doctorando con una actitud inteligentemente crítica. Umberto Eco dice, al respecto que, si "os fiáis de vuestro director y (...) él os dice que fulano es un imbécil, no debéis ir a consultarles". Pero si "vuestro director es una persona abierta y acepta que su discípulo recurra también a fuentes con las que disiente y en este caso, no convertirá este hecho en materia de discusión en el acto de defensa de la tesis o bien, vuestro director es un viejo iracundo y dogmático (...) No debéis tomar como director de tesis a un individuo de semejante calaña. Y si, a pesar de todo, queríais hacerla con él porque aparte de sus defectos os parecía un buen protector, entonces sed coherentemente deshonestos y no citéis al otro, ya que habéis elegido ser de la misma calaña que vuestro maestro" (Eco, Umberto *Cómo se hace una tesis*, Gedisa Editorial, Barcelona, 1998:218-129).

Sin ser tan crudo quiero decir que al releer el párrafo anterior me salta el recuerdo de mi propio director de tesis. Hombre de luces, flatulencias inoportunas y gran sentido del humor, quien, cada vez que me empantanaba en la redacción del texto, me animaba con una coz. Le estoy tan agradecido, que omito su nombre por la inmensa ternura que me despertó en aquella ocasión. Es que para graduarse de doctor no sólo hay que transitar por la ciencia, sino tal vez –y demasiado a menudo–, por cientos de estados de conciencia, como decía mi viejo mentor.

Rosario, 4 de Abril de 2000.